生态环保助推乡村振兴典型案例汇编

SHENGTAI HUANBAO
ZHUTUI XIANGCUN ZHENXING
DIANXING ANLI HUIBIAN

生态环境部脱贫攻坚领导小组办公室◎编

中国环境出版集团·北京

图书在版编目（CIP）数据

生态环保助推乡村振兴典型案例汇编 / 生态环境部脱贫攻坚领导小组办公室编. -- 北京：中国环境出版集团, 2020.12（2023.2重印）
ISBN 978-7-5111-4556-7

Ⅰ. ①生… Ⅱ. ①生… Ⅲ. ①生态环境－环境保护－影响－农村－社会主义建设－案例－中国－2019-2020 Ⅳ. ①F320.3

中国版本图书馆CIP数据核字(2020)第259284号

出 版 人　武德凯
策划编辑　徐于红
责任编辑　赵　艳
装帧设计　彭　杉

出版发行　中国环境出版集团
（100062 北京市东城区广渠门内大街16号）
网　　址：http://www.cesp.com.cn
电子邮箱：bjgl@cesp.com.cn
联系电话：010-67112765（编辑管理部）
010-67147349（第四分社）
发行热线：010-67125803 010-67113405（传真）
印　　刷　北京建宏印刷有限公司
经　　销　各地新华书店
版　　次　2020年12月第1版
印　　次　2023年2月第2次印刷
开　　本　787×960 1/16
印　　张　20.25
字　　数　285千字
定　　价　138.00元

序　言

实施乡村振兴战略，是以习近平同志为核心的党中央针对我国城乡发展不协调问题、顺应广大农民对美好生活的向往作出的划时代部署，是新时代“三农”工作的总抓手，是推进农业农村现代化的重大战略，是关系全面建成小康社会和全面建设社会主义现代化强国的全局性、历史性任务。乡村振兴是包括产业振兴、人才振兴、文化振兴、生态振兴和组织振兴的全面振兴，其中，生态振兴是乡村振兴的重要标志，也是以绿色发展引领农业农村现代化的关键所在。优美的生态环境是建设美丽宜居乡村、培育乡村振兴新动能的重要基础，当前农村生态环境突出问题在一定程度上制约着乡村振兴战略的推进实施，生态环境部门肩负着“补齐农村生态环境短板，夯实农村绿色发展基础”的重要任务。

为深入贯彻落实习近平生态文明思想和习近平总书记关于扶贫工作的重要论述，充分发挥生态环境部门行业资源优势，生态环境部于2019年11月—2020年2月通过各省（自治区、直辖市）生态环境厅（局）征集了一批生态环保助推乡村振兴典型案例，经专家评审，筛选出40

个做法经验比较典型、有一定参考价值的案例，与相关地方共同完善后汇编成册，供全国广大农村地区参考借鉴。同时，为进一步发挥生态环境保护夯实脱贫成效、擦亮脱贫底色、有机衔接乡村振兴战略实施的积极作用，生态环境部将继续推动广大农村地区厚植生态优势，加快发展生态产业，推动实现农村生态环境保护和群众增收致富的“双赢”，为全面实现农业强、农村美、农民富打牢基础。

生态环境部脱贫攻坚领导小组办公室

2020 年 6 月

目 录

第一篇 华北地区和东北地区……………………………001

案例一 “红绿交响曲”模式的示范效应……………………………003

案例二 立足生态优势 筑牢脱贫根基……………………………009

案例三 强化基础重提升 优化环境助振兴

兴隆县“四个三”工作法改善人居环境……………………018

案例四 污水由浊澄为清 生态宜居皆为景……………………026

案例五 聚焦生态发展 增进民生福祉

全力提升“1+14”乡村振兴“沁河”模式的示范效应……033

案例六 生态固本 业态增效……………………………………038

案例七 放下斧头当导游 小康生活不用愁……………………045

案例八 打通“绿水青山”向“金山银山”转换通道

擦亮乡村振兴底色……………………………………………052

案例九 乡村振兴 绿色发展……………………………………058

第二篇　华东地区……065

案例一　环境整治促脱胎换骨　生态转型助乡村振兴…………067

案例二　高淳特色引领绿色发展　生态文明助力乡村振兴……075

案例三　营造良好生态环境　助推柚山乡村振兴…………086

案例四　聚焦生态融合发展　探索自营联营模式
多措并举助推基层乡村振兴…………093

案例五　聚焦“绿水青山”向“金山银山”实施乡村振兴……099

案例六　松阳传统村落走出古村振兴新路径…………107

案例七　强化环境整治　助推乡村振兴…………115

案例八　践行生态文明　助推乡村振兴…………122

案例九　生态环保助推乡村振兴：下党村的美丽嬗变…………131

案例十　君子谷刺葡萄产业　助力生物多样性保护与减贫………137

案例十一　建设生态乡镇　助推乡村振兴…………144

案例十二　生态环保助推乡村振兴…………150

案例十三　聚力生态建设　打造宜居环境
儒乡圣地注入乡村振兴绿色动能…………156

案例十四　坚持生态优先　加快绿色发展
良好生态成为乡村振兴“金钥匙”…………163

第三篇　华南地区……173

案例一　创新环境综合治理模式　助推乡村振兴……175
案例二　村企共建助推振兴乡村……183
案例三　发动群众护生态　多措并举促振兴……189
案例四　强化生态环境保护　助力乡村生态振兴……197
案例五　全面实施乡村振兴战略　倾力打造最美石烟塘村……208
案例六　创新乡村治理方式　助推乡村振兴发展……216

第四篇　西北地区……225

案例一　立足生态发展　增进民生福祉
助力乡村振兴新发展……227
案例二　文殊镇生态环保助力乡村振兴驶向“快车道”……234
案例三　坚持生态优先　发展绿色产业　助推乡村振兴……240
案例四　生态环保助推乡村振兴……247
案例五　壮大优势产业　整治人居环境
助推乡村振兴战略在贫困村落地生根……254
案例六　以创建国家生态文明建设示范县为契机
助推巩留县乡村振兴……260

第五篇　西南地区……………………………………………271
案例一　种草治污，靠草致富，棕花村依托香根草产业实现脱贫攻坚与污染防治的结合“双赢”………273
案例二　推动生态振兴　焕发乡村新活力……………………281
案例三　守护绿色生态　打造强镇富民“风水、宝地”…289
案例四　聚力发展绿色产业　加快建设绿美光明…………300
案例五　生态花茂　乡愁故里…………………………………307

第一篇 华北地区和东北地区

案例一

“红绿交响曲”模式的示范效应

天津市西青区辛口镇第六埠村

一、背景情况

天津市西青区辛口镇第六埠村地处子牙河、大清河、独流减河“三河交汇”处，生态环境优良，交通便利，距天津市区 25 公里，距西青区政府所在地杨柳青镇 10 公里，距雄安新区 80 公里，是西青区乃至天津市对接雄安新区的“门户村”“口子村”。

第六埠村共有村民 1 552 户、4 878 人，其中农业户数 1 390 户，土地总面积 16 553 亩①。近年来，第六埠村“两委”班子充分发挥党组织的战斗堡垒作用，不断加强基层治理，努力创新思路方法，带领全体村民走上了乡村振兴的新长征路，先后获得万亩无公害蔬菜基地、天津市菜篮子工程基地、国家级首批农业旅游示范点、全国绿化千佳村、市级文明生态村、市级文明村镇等荣誉称号。2019 年被评为“全国美丽休闲乡村”。

---

① 1 亩≈ 666.7 平方米≈ 0.0006667 平方千米。

天津市西青区辛口镇第六埠村

二、主要做法和成效

（一）主要做法

1. 变废为宝，以生态修复为起点，带动产业发展振兴。

有着“京津蔬菜第一村”之称的第六埠村，曾经因发展印染等化工企业，在20世纪八九十年代位列全国百强村，但村域环境“透支”严重，关停污染企业后，村民收入下滑，成为天津市级新一轮困难帮扶村。

稻香蟹肥，贫困村成乡村旅游新景点。近年来，村“两委”结合第六埠村地处三河交汇处、水资源丰富的特点，经过土地改造，水利疏通、涵闸建设，采取了水稻、青蟹套作的立体种植养殖新模式，延伸产业链条，发展循环经济。2015年起，村“两委”对村域内的河道、沟渠开展清淤工程。2017年，村“两委”瞄准生态资源，试种170亩水稻，套养螃蟹，通过一年的努力，水稻亩产达到1 100斤以上，收获稻谷20万斤。2018年，村“两委”投入力量从577户村民手里流转了将近1 000亩荒废土地，扩大水稻种植面积。蟹田稻生产基地被西青区委定为第六埠村产业帮扶项目，从插秧到收割全部实现机械化，水稻从2017年试种到2019年连续三年大丰收，蟹田米品质优。连续几年开发钓蟹旅游项目，游人络绎不绝。

以红色教育基地为抓手，带动乡村旅游繁荣发展。第六埠村依托千亩蟹田稻生产基地、大清河故道、龙湾河的原生态自然景观，以“重走红色长征路”为主题，利用村内大清河故道、古河堤、稻田、荷塘、柳林、渠塘的天然条件，建设了第六埠村三河汇景红色教育基地，涵盖红军长征历程的10个重要节点：三道封锁线、湘江战役、遵义会议、四渡赤水、强渡大渡河、飞夺泸定桥、爬雪山过草地、懋公会师、激战腊子口、三军大会师。项目占地约1 000亩，但没有占用一分耕地，借助优越的自然生态资源，就地取材，暗堡、浮桥、铁索桥、雪山等点位均未对生态环境造成破坏。

利用三河汇景水资源，打造稻田特色景区，推进竹筏船观光、钓鱼钓蟹、稻田插秧、传统丝网捕鱼、六埠雪乡等项目。红色旅游和千亩水稻、万亩蔬菜基地有机结合，为村民创造就业机会，构成了第六埠村特有的“一红一绿”产业结构。

千亩稻田种植基地

红色旅游

2. 加大投入，以环境治理为重点，提升人居环境质量。

全力推进环境基础设施建设。近年来，第六埠村不断加大环境治理力度，大力开展污水泵站新建、地下管网改造、垃圾死角治理。在六埠桥口，新建了一座污水泵站，有效改善了积水情况。多年的垃圾沟经过三格处理后，变得干净整洁，生活污水治理等项目得到了落实。依托天津市、西青区有关政策，积极实施农村改厕工程，于 2019 年完成了雨污分流工程及户厕改革，村民幸福感增强。

全速推动生态环境治理。2016 年，第六埠村完成了东淀龙湾河道 5 150 米清淤工程，2017 年完成了东淀 3 条主要沟渠及龙湾河南段 3 000 米河道清淤工程、莲花淀玉带河南段 600 米河道清淤工程，2018 年完成了老清河 1 865 米清淤，2019 年完成东淀丰收河 2 000 米、村内玉带河 1 317 米及村域内所有河流、沟渠的清淤工作。严格落实“河长制”，安排专人对河流的漂浮物进行打捞，保持河水清澈常态化。“五清一绿”，加强网格化管理，加大对农田村庄的巡查力度，严禁秸秆焚烧。

全面开展清脏治乱工作。从 2018 年开始，投入人力物力加大对卫生死角、多年堆积物的彻底清除。针对胡同里乱堆乱放、私搭乱建现象，通过有效合理的布局和治理，新建了林荫小道、观景小厅、观光栈道，使胡同变得干净整洁、宽敞明亮，村西迎宾里点位和村东向阳路点位成效显著，大幅度提升了村民的生活环境，得到了群众的好评。

村民活动广场

（二）工作成效

2015—2017 年，第六埠村共植树 55 500 棵，对千亩稻田外围周边、生产路全域范围内进行绿化，大幅度改善了稻田整体景观。通过全村区域内的美化靓化方案，加大花草的种植面积，党员、村民代表、志愿者纷纷加入美化家乡活动，共计种花 2 万多平方米、草皮 3 000 多平方米。通过调整蟹田稻和观赏莲藕的种植面积，扩大观赏莲藕种植 300 多亩，大大提升了经济效益。经过几年的努力，第六埠村域内水清岸绿，鸟语花香，竹筏听雨，诗意盎然，令游人流连忘返，为推进乡村旅游项目奠定了坚实的基础。

通过红色长征路等项目，第六埠村年接待游客 6 万人，加上其他旅游项目，村集体经济稳步提高，形成了“一红”加“一绿”的产业格局，“一红”指的是红色教育基地和重走长征路项目，一绿”指的是千亩蟹田稻帮扶项目和万亩绿色蔬菜生产基地项目。以红色教育、重走长征路项目拉动人流，同时把蟹田大米和绿色蔬菜向全社会推介。旅游项目的有效推动，既壮大了村集体经济，又直接解决村民就业 100 多人，提高了村民家庭收入。通过几年的努力，村民人均收入由 2017 年的 19 500 元提高至 2019 年的 24 790 元。

三、经验启示

1. 立足三河汇景的自然资源，以生态修复为起点，以环境治理为重点，不断加大生态美化绿化的投入，积极践行习近平总书记的“绿水青山就是金山银山”发展理念，以高品质的生态环境助力推动产业提升，打造集现代都市农业区、生态文化旅游体验区为一体的宜居宜业、以人为本的休闲美丽乡村。

2. 坚持党建引领，以红色资源为依托，凝聚思想共识。以“党建+乡村旅游”为主模式，形成历史文化、红色文化、自然文化相交融的旅游发展格局，开发乡村特色项目，促进休闲农业与乡村旅游相结合，构成了第六埠村特有的“红”加“绿”的发展格局。

3. 坚持统一规划部署，多元融合推动全域发展。注重基础设施建设、人居环境改善、旅游元素多样等多措并举，共同促进乡村振兴。

乡村振兴冲锋号角已经吹响，第六埠村“两委”班子在西青区委、镇党委的坚强领导下，在帮扶工作组的大力支持下，从扶志、扶智入手，努力学习习近平新时代中国特色社会主义思想，“不忘初心、牢记使命”主题教育开展以来，依托优良的生态环境条件，努力谱写“红绿交响曲”，为全面建成小康社会而努力！

案例二

立足生态优势　筑牢脱贫根基

河北省承德市隆化县

一、背景情况

隆化县位于河北省北部，全县总面积 5 497 平方公里，总人口 45 万人，其中 58% 为少数民族人口；辖 25 个乡镇，1 个街道办事处；是国家扶贫开发重点县、河北省深度贫困县，是首都水源涵养功能区和生态环境支撑区，也是国家可持续发展议程创新示范区。

苔山

隆化县历史文化厚重。北魏、辽、金、元四朝均在此设州，为燕北地区行政中心，绵延千年；清代康熙、乾隆、嘉庆三帝连年驻跸理政，建皇家行宫七座；解放战争中董存瑞在此舍身炸碉堡，千古垂名；是“中国书法之乡”“中国乡土诗歌之乡”。生态环境优美。全年空气质量好于二级以上天数超过 330 天，出境水达到Ⅱ类标准；境内分布 5 条主要河流，水资源总量 9.4 亿立方米，在河北独占鳌头；全县林地面积 489 万亩，森林覆盖率 59.3%；有茅荆坝国家级自然保护区，国家级、省级地质公园 2 处，茅荆坝森林公园负氧离子浓度达每立方厘米 1 万个，被誉为“华北绿肺，天然氧吧”；有国家级、省级生态乡镇 5 个，正在申创国家级生态文明建设示范县。资源独特富集。“隆化肉牛”“隆化大米”被列为国家地理标志保护产品，是全国蔬菜生产重点县、省级标准化肉牛示范区、中药材种植基地县和粮食生产大县；已探明矿产资源 48 种，温泉水、矿泉水资源独特，温泉日出水量 7 000 多吨，水温最高达 98℃，地热称雄华北，是中国温泉之乡和康养度假胜地。

隆化县召开脱贫攻坚会议

二、主要做法和成效

（一）坚持生态扶贫，实施绿色减贫

2018年，隆化县成立了由县委书记和县长担任组长的“国家生态文明建设示范县”创建领导小组，编制了《国家生态文明建设示范县规划》，确立了“2231”（同步开展脱贫攻坚和污染防治两大攻坚战，拓展上级专项支持和本级资金投入两个渠道，实施环境基础设施提升、人居环境质量改善和人民群众增收三大工程，实现生态和经济良性互动、绿色发展目标）发展思路。

河北省茅荆坝国家级自然保护区

1. 实施生态移民促脱贫。为了保护生态环境，提升部分农村群众生产生活条件，隆化县实施了生态移民工程，先后建设集中安置小区33个，全部实现了搬迁入住。配套建设产业园区55个、光伏电站3座，实现了搬得出、稳得住、有收入的目标。同时，采取政府补助、对口支援、社会帮扶和农民自筹相结合的方式，扎实开展危房改造工作，确保群众“住有所居、居有所安”。自2010年危房改造项目实施以来，全县累计投入资金4.3亿元，改造危房32 511户。

2. 实施生态补偿促增收。牢固树立“绿水青山就是金山银山”理念，大力实施公益林、财政补贴造林、京津风沙源治理等生态保护工程。2014年以来，选聘续聘生态护林员7 920人次，落实工资每人每年8 000元；2019年，争取到位森林生态效益经济补偿资金2 812万元，实现了生态保护与富民增收“双赢”。

3. 实施生态工程促民生。2016年以来，隆化县发挥生态环境部帮扶优势，先后投入资金10.2亿元，重点开展了“山水林田湖”环境治理、农村环境整治、大气污染防治等项目30个，覆盖全县25个乡镇，累计带动贫困户21 820户、58 428人实现稳定脱贫。同时，全县环境基础设施建设得到了巩固提升。

（二）发展生态农业，促进农民增收

近年来，隆化县按照县城中心发展农产品加工业、县城东部发展休闲观光农业、县城西部发展绿色生态农业、县城北部发展高效设施农业的产业化布局，大力发展“一主两辅”（“一主”即壮大提升肉牛产业，“两辅”即发展以蔬菜、草莓等为主的设施农业和以果品、中草药等为主的林业经济）现代农业，进一步提升经济增长绿色度的同时，实现了每个贫困户至少发展1项以上的就业项目、未脱贫户2项以上就业项目覆盖达到80%以上，全县23个深度贫困村实现了产业全覆盖、其他贫困村覆盖率达到85%以上的目标。

1. 壮大肉牛产业。全域落实禁牧舍饲政策，结合产业基础，将肉牛产业作为联贫带贫主导产业来抓，引进优质品种，改进养殖方式，延长产业链条，提高综合效益，合力建设“中国肉牛之乡”。形成了以西门塔尔等为主的优质牛、以日本和牛等为主的高档牛、以本地黄牛为主的普通牛三大体系。引进壹号食品、冀康商贸等龙头企业，形成“产+加+销”一体化运行模式，打造隆先、北戎牛肉等高端品牌。

2018 年，全县肉牛产业产值近 17 亿元，肉牛饲养量 48 万头，千头规模牛场 26 个，百头以上规模肉牛场 380 个，5 头以上养牛户 1.67 万户，带动 9 923 户 17 590 人稳定脱贫，贫困人口年人均增收 4 500 元，脱贫贡献率达到 30.7%。

2. 发展设施农业。依托冷凉气候和错季生产优势，坚持园区引领、龙头带动、基地支撑，因地制宜发展蔬菜、草莓等设施农业和有机农业。通过“公司 + 合作社 + 农户”的模式，鼓励土地集中流转，统一经营，变农民为产业工人，享股金、拿租金、挣薪金。2019 年，全县整合资金 3.67 亿元，新增蔬菜设施棚室 3 802 个，蔬菜总播种面积达 21.2 万亩，水稻、草莓种植面积分别为 23 万亩、6 500 亩，“隆化大米”“隆化番茄”等多项产品被评为国家地理标志保护商标，隆泉、三河源等一批龙头企业的有机食品认证、生态原产地标志极大地提升了农产品品牌价值。

绿色生态农业——中国温泉之乡隆化

3. 培育林业经济。重点发展以植树造林和果品、中草药种植为主的林业经济。同时，通过组建“林木专业合作社 + 能人”带动、引导贫困户用林地入股分红，参与工程劳动增收。2019 年，全县新增造林面积 10 925 亩，中草药种植面积达到 14.8 万亩。“热河黄芩、隆化苍术”，道地药材远近驰名，也涌现出了郑淑芳、葛库等全国、省级绿化造林先进典型。

中药材种植基地

4. 破解资金难题。隆化县整合各方资源，探索出了“政府、银行、农业企业、贫困户、保险”（简称“政银企户保”）五位一体的脱贫贷款模式，通过“政府担保贴息，银行降槛降息放贷，贫困户入社参股，保险兜底保障”，激发了各方参与主体的积极性，从根本上破解了农业产业发展缺资金的问题。至 2019 年年底，累计发放“政银企户保”资金 7 935 笔、12.3 亿元，直接带动 2 340 户、9 524 人稳定脱贫，间接带动 3.2 万户贫困群众实现稳定增收。这一做法得到中央深改办肯定，被新华社等多家媒体深度报道。

脱贫攻坚扶贫手工工厂

（三）挖掘生态优势，发展旅游产业

近年来，隆化县着力构建“一环三区”全域旅游空间布局，先后实施了总投资3.7亿元的热河皇家温泉康养度假区PPP项目，对该区域山、水、林、田、路、民居进行统筹开发打造，吸引枫水湾森林温泉城、热河山谷等21个文旅康养项目全面铺开。“七家—茅荆坝”“唐三营—张三营”两大乡村旅游产业集群已初步形成。西道村草莓公社、温泉村温泉民宿、茅荆坝村枫水满乡等七个特色小镇已开门纳客。2019年，全县乡村旅游经营户近500家，直接从业人员5 000人，接待游客214万人次，实现综合收入20.2亿元。七家南营村等16个贫困村被列为国家旅游扶贫村，全县164户、476名建档立卡贫困人口通过旅游服务实现了脱贫致富。CCTV-7《乡村大世界》——走进隆化、CCTV-4《远方的家》——走进隆化、中央电视台“心连心”艺术团慰问演出等纷纷走进隆化县拍摄。

承德市母亲河——武烈河源头

（四）实施环境整治，推进乡村振兴

2018 年以来，隆化县运用市场思维，将农村环境治理推向市场，通过 PPP 合作模式，将全县农村生活垃圾整体打包，由保洁公司收集、清运，前期投入由县政府与企业共同出资解决，政府给予企业运营权并每年支付服务费用；对畜禽粪便、秸秆、餐厨垃圾等农村有机垃圾采取“4+N”循环经济模式，在全县布局高标准有机肥加工厂 4 处，对所有养殖场配套畜禽粪污收集设施，统一收集、加工生产国标有机肥；全面清除建筑垃圾，实现填埋场集中处理，实现了农村垃圾治理无盲区。目前，全县 357 个村庄已全部交由保洁公司接管运营，共上岗保洁员 1 372 名，其中聘用贫困户兼任保洁员 706 人，人均年增收 1 万元以上。在治理的同时，充分调动广大村民参与美丽家园建设的积极性，大力引导群众转变思想观念，进一步推动群众养成良好卫生习惯。

三、经验启示

1. 牢记使命。牢牢把握习近平总书记关于首都水源涵养功能区和京津冀生态环境支撑区的功能定位，始终坚持生态优先、绿色发展理念，同步推进脱贫攻坚，走生产发展、生活富裕、生态良好的文明发展道路。

2. 因地制宜。全县上下形成了“隆化发展的资源在生态，优势在生态，未来在生态”的共识，坚定“绿水青山就是金山银山”理念，积极寻找生态与脱贫的契合点，让生态优势和生态产业筑牢脱贫攻坚根基。

3. 统筹推进。脱贫攻坚是基础，乡村振兴是目标。要立足当前、着眼长远，通过外引项目、内挖潜力，加快补齐农村环境建设短板，推进乡村公共服务均等化，在决胜脱贫攻坚的征途上，同步建设美丽乡村。

案例三

强化基础重提升 优化环境助振兴
兴隆县"四个三"工作法改善人居环境

河北省承德市兴隆县

一、背景情况

兴隆县位于河北省东北部、承德最南端，总面积 3 123 平方公里，山场面积占 84%，有耕地 14.7 万亩，是个"九山半水半分田"的深山区县。全县辖 15 镇 5 乡、289 个行政村，其中革命老区村 274 个，全县总人口 32.8 万人，2012 年被确定为省级扶贫开发重点县。2018 年，全县 83 个贫困村全部达到退出标准并通过省市核查验收，贫困人口由 2014 年的 59 600 人减少到 2019 年的 12 426 人，综合贫困发生率由 2014 年的 23.8% 降至 0.15%。兴隆县在区位、生态、资源三个方面拥有一定的比较优势和广阔的发展潜力，是环首都地区空气质量最佳、负氧离子含量最丰富、森林覆盖率最高的县，是华北地区大气净化的最强区，具有"天然氧吧"美称。国家天文台兴隆站坐落在这里，境内海拔千米以上山峰 41 座，流域面积 100 平方公里以上河流 12 条，年平均气温 7.8℃，夏季平均气温 21.3℃，是华北地区的一座"凉岛"，是京津周边理想的休闲、养生、避暑胜地。按照习近平总书记建设生态文明、推进绿色发展、助力乡村振兴的发展理念，兴隆县坚持将"生态立县"作为首要发展战略，按照"三大攻坚战"部署，狠抓各项工作落实，生态文明建设取得重要成果。2018 年，兴隆县森林覆盖率达到 71.2%、$PM_{2.5}$ 浓度降至 39 微克 / 米^3、断面水质全部达到Ⅲ类以上；列入国家重点生态功能区，入选“京津冀重点生态旅游目的地”。2019 年，成功获评河北省首个“国家生态文明建设示范县”。

柳河生态美景留白鹭

二、主要做法和成效

近年来，兴隆县始终坚持以习近平生态文明思想为指导，大力整治农村环境，将农村垃圾、污水治理作为践行“绿水青山就是金山银山”理念的一项重大政治任务和民心工程，以乡村振兴战略为统领，以农村人居环境整治三年攻坚行动为抓手，积极探索推行“四个三”工作模式，农村垃圾、污水处理工作取得了阶段性成效，人居环境大幅提升。立足兴隆县生态优势，引进实施了兴隆山景区、青松岭文化旅游度假区、诗上庄诗歌小镇、观星小镇等旅游新业态项目 31 个，总投资超 300 亿元，年增加旅游综合收入 20 亿元，全县旅游直接从业人员 11 000 余人，间接就业达 4.5 万人。旅游企业共吸纳 1 928 户贫困户入股，旅游景区和农家院共安排贫困户就业累计达 1 466 人。

兴隆县安子岭乡上庄村

（一）突出“三个强化”，确保治理工作顺利实施

兴隆县属于石质深山区县，村民居住分散，为保障农村垃圾、污水治理工作科学高效推进，该县重点在人力、财力、设计等方面配强做实。一是强化组织领导。将农村垃圾、污水处理作为党委、政府“一把手”工程，成立了以县委书记、县长为组长，分管副县长为副组长，县生态环境分局、财政局、水务局、住建局、自然资源局等部门及相关乡镇一把手为成员的工作领导小组，定期研究调度，为加快推进治理工作夯实组织保障。二是强化规划引领。按照“专业人办专业事”的原则，聘请权威资质机构就村庄分布、地质特点等进行实地踏查论证，并在此基础上，编制了农村垃圾、污水治理相关工作规划，为治理工作提供科学依据和方法支撑。三是强化资金投入。坚持“资金整合，优先使用”的原则，通过财政投资、政府融资、争取项目资金、撬动

社会资本等多种方式，筹措资金约 7 亿元，为农村垃圾、污水治理工程建设及运营维护提供资金保障。

（二）兼顾“三个方面”，确保垃圾集中科学处置

兴隆县北营房镇生活垃圾协同处置水泥窑

为彻底改变长期以来“生活垃圾顺河走、哪里脏乱哪里倒”的状况，兴隆县探索出一条疏堵结合、标本兼治的科学处置生活垃圾“新路”。一是全面清理存量垃圾。投资 1 650 万元，对全县村庄、重点河流沿线深入实施垃圾清理专项行动，出动人员 5 000 余人次、机械 3 700 余台次，治理面积 21 平方公里，清理河道垃圾 67.5 万立方米；结合农村环境综合整治工作，全面清理村庄及周边垃圾 30 余万立方米。二是积极探索科学处置路径。经多方考察、反复比较，兴隆县确定采取“村收集、乡镇转运、县处理”模式，筹资 1.82 亿元，实施了水泥窑协同处置生活垃圾工程，日处理城乡垃圾 400 吨，建设垃圾中转站 25 个、垃圾分拣场 1 个，利用现有水泥窑协同处置县内生活垃圾，逐步覆盖全县 289 个行政村，全部实现垃圾无害化处理，项目工艺为国

家提倡的废物处置示范项目之一，处理工艺安全可靠、先进环保。三是巡查监管长效保洁。通过巡查监管，规范群众向固定垃圾桶或垃圾存放点投放，便于统一收集转运。由村级保洁员按照责任分区不间断巡查检查和清理保洁，发现不规范投放问题及时劝导，发现零星垃圾及时清理，发现突出问题及时报告；乡镇环保所针对村庄环境、河流环境、村级环保员在岗情况等加强巡查、检查，确保环境整洁、无垃圾入河，确保人居环境持续改善提升。

（三）抓好“三个一批”，确保污水管控全覆盖

根据农村排水特点和居民分布情况，确定以集中处理为主、分散和单户处理为补充的“三个一批”建设原则，确保2020年以前实现全县289个行政村污水管控全覆盖。一是城镇管网覆盖一批。坚持就近原则，利用城镇污水处理设施覆盖73个村。县城污水处理厂收集周边30个行政村生活污水进行集中处理；兴隆县第二污水处理厂覆盖周边9个行政村；计划建设六道河镇、半壁山镇再生水厂，覆盖周边34个行政村。二是集中收集处理一批。在主要河流沿线、居住相对集中等符合集中收集条件的101个行政村，分步实施农村污水集中处理工程。2017年以来，累计投资1.2亿元，实施了45个村生活污水集中处理工程，新建污水处理站（点）75座、管网150公里，打造湿地景观8处；采用PPP模式筹资2.7亿元，实施54个行政村给排水工程；补贴2 000万元建设建龙污水处理厂，协同处理平安堡村、土城头村2个行政村及当地集中小区和机关事业单位生活污水。三是单户改厕补充一批。在远离河流、群众居住分散、地表多为岩石结构等不具备集中收集处理条件的115个村，采取单户改厕及分散处理方式，实现污水处理有效管控。截至2019年，已完成单瓮或双瓮式卫生厕所改造约5.8万户。

兴隆县六道河镇前苇塘村地下式污水集中处理设施及尾水湿地

（四）创新“三方衔接”，确保运营维护高质量

设备设施高质量运营维护是保障农村垃圾、污水有效管控的关键，兴隆县创新政府主导、工程建设和运行维护三个方面无缝衔接，确保县内垃圾、污水处理设施高质量运行。一是政府与运维企业衔接。在全市率先启动市场化运行模式，通过公开招投标方式选定资质企业作为兴隆县农村垃圾、污水处理设备设施后期运维单位，全面负责垃圾、污水处理设施日常巡检、设备维修及保养等工作。二是运维企业与工程实施衔接。要求运维公司参与工程验收，突出无缝衔接，有效避免工程验收移交后出现技术差异，影响设备运行效率等问题，保证设备高质量移交运行。三是运维企业与技术支撑衔接。中标企业增派专门力量和人员驻点负责，充分利用科技手段，采用“互联网 +”的远程操作系统，对垃圾、污水处理数据和设备运行进行实时监控，形成完整的数据采集、统计、分析、储存及设备控制功能，为农村垃圾、污水处理工程稳定、高效运营提供可靠技术支持。

兴隆县六道河镇农村污水处理工程建设方与运维方紧密对接

三、经验启示

兴隆县作为“京津冀水源涵养功能区”和“京津冀生态环境支撑区”，责任重大，持续改善人居环境、振兴乡村意义特殊、使命光荣，总结兴隆的生态环境保护助力乡村振兴工作成效，取决于三个“得益于”。

1. 得益于国家方针政策。党的十八大以来，将提升生态水平、改善人居环境、助力乡村振兴，提高到了一个新的历史高度，出台了污染防治、脱贫攻坚、人居环境整治、乡村振兴等一系列大政方针政策，为生态环境保护工作提供了遵循，保障了各项治理工作的顺利开展。

2. 得益于机制体制建设。兴隆县致力于“国家级生态文明示范县”建设，信心坚定、目标明确，成立了由县委书记、县长任“双主任”的兴隆县生态环境保护委员会；建立了定期调度机制，县委常委会议、县政府常务会议定期研究生态环境保护工作；将生态环境保护纳入县、乡、部门党政班子考核目标；编制了兴隆县生态环境保护规划，出台了《兴隆县生态环境保护责任规定》，建立健全了县、乡、村三级生态环境保护网格体系，形成了全县上下齐抓共管的良好局面。

3. 得益于谋事谋实谋干。随着时代的进步、社会的发展，人民群众生活水平逐步提高，农村垃圾、污水排放量大幅增加，人民对美好生活的向往与实际人居环境之间的矛盾日益突出，兴隆县立足实际，积极寻求科学处置路径，坚持以问题为导向，真谋实干，探索出了一条从根本上解决问题的科学之路。

通过一系列治理措施的实施，兴隆县农村垃圾、污水管控基本实现全覆盖、“零直排”，彻底解决农村垃圾、污水困扰人居环境问题，大幅提升人民群众幸福感，真正实现清水绿岸、鱼翔浅底的环境水平。

兴隆县雾灵山镇塔前村人居环境

下一步，兴隆县将学习借鉴其他地区先进经验做法，继续加大工作力度，深入实施农村垃圾、污水治理，巩固现有基础，提高管理水平，加强精细化管理，攻克重点难点，全力改善农村人居环境，助力乡村振兴。

案例四

污水由浊澄为清
生态宜居皆为景

河北省邯郸市峰峰矿区

一、背景情况

峰峰矿区位于河北省南部，西连太行山支脉，东眺华北平原，区域内山区、平原、丘陵并存，既是工农交叉、城乡融合的资源型老工矿区，又是环境秀美、生态宜居的现代化示范县区。全区辖 9 个镇、1 个乡、1 个街道办事处，157 个行政村。总面积 353 平方公里，其中农村地域面积占 85%。总人口 53 万，其中农村人口 18.9 万。峰峰矿区不仅拥有邯郸市两大饮用水水源地之一羊角铺水源地，同时也是滏阳河的发源地。长期以来，农村人居环境因生活污水处理设施落后，排水设施严重不足，污水治理率不足 10%，每年农村生活污水排放量高达 300 余万吨，大多直排地下或者河流，威胁到羊角铺水源地水质安全和滏阳河源头水环境安全，也对新农村的居住环境造成了极大的污染。

农村生活污水治理是实现乡村振兴、生态宜居的关键一环。邯郸市生态环境局峰峰矿区分局本着“人民对美好生活的向往，就是我们的奋斗目标”理念，在转型升级绿色发展的基础上，率先实施农村生活污水全域治理工程，着力解决农村污水乱流、环境脏乱差的局面，助力从

“矿区变景区”到“全域旅游”，截至 2019 年，峰峰矿区有 148 个村已基本具备生活污水收集处理能力，先后被中央电视台、中新网、河北电视台河北新闻联播密集报道。2019 年 5 月 13 日河北省农村人居环境整治工作现场观摩会在峰峰矿区召开，河北省委副书记赵一德对峰峰矿区农村污水治理和农村人居环境整治工作给予充分肯定。

峰峰矿区滏阳河畔

二、主要做法和成效

（一）借势发展，多元筹措聚资金

峰峰矿区全域农村生活污水治理需要大量资金投入。据统计，全域农村生活污水治理耗资约 3 亿元，缺资金成为制约农村污水治理的关键性问题。邯郸市生态环境局峰峰矿区分局未雨绸缪，多措并举，着力破解资金筹集难题。2017—2018 年成功申请水污染防治中央专项资金和傍水农村环境综合整治专项资金，为开展农村生活污水治理提供了资金保障。同时峰峰矿区坚持 1 ∶ 1 ∶ 1 配套资金筹措办法，积极筹措资金：专项资金 1 亿元；政府财政配套资金 1 亿元；鼓励全民参与，由镇村筹工筹劳、筹资参建近 1 亿元，通过多元化筹资，彻底解决了农村生活污水治理经费难题。

（二）借智作为，科学规划聚人才

峰峰矿区农村生活污水面广分散，收集困难，水量变化大，排放不均匀，治理工程复杂、难度大。全域农村生活污水治理取胜的关键是因地制宜、科学可行地确定治理技术和排放标准。坚持“专业人办专业事”的原则，聘请中国科学院生态环境研究中心专家团队为该工程提供技术和智力支撑，专家对峰峰矿区农村生活污水现实情况进行逐村实地察看，根据各村的人口、地形地貌、经济构成、人均用水量、污水排放方式等因素，结合每个村庄，绘制不同的治理方案，并提出了“五个一”工作思路，即一村一策，一村一治，一村一量，一村一价，一村一景。同时跟进四种治理模式，即主城区进市政管网模式、进入重点镇污水处理厂模式、一体化处理模式、无动力处理模式。农村生活污水治理是一项公益性事业，更是一项惠民工程，几乎没有经济回报，运维资金筹措压力很大，特别是乡村一级财力普遍缺乏。该工程利用高低落差的自身动力，使污水进入化粪池、沉淀池、生物处理池，对重点部位再建设人工湿地或渗滤池进行处理。农村生活污水处理后实现资源化回用，基本实现后期运维零费用，着力避免因农村无力承担后期运行维护经费而使污水处理成为“晒太阳”工程。

和村镇东苑城村污水治理开工仪式

（三）借力推进，共建共享聚民心

农村生活污水治理工程是民心工程，工程建设要接地气、合民情，要做良心工程。最好的工程管理模式，就是让群众参与其中，让群众有能力、有动力参与。工程设计上，每套方案出台都与当地村委进行反复核实，并盖上村委会公章，由主要负责人签字确认，真正把工程建设的话语权交给了村委会，确保了工程建设符合农村需求，切实造福群众。工程管理上，建立三级保障机制，即区级牵总专班、乡镇协调专班、村级保障专班；并委托专业管理公司参与管理，实行项目责任制、合同管理制、项目监理制，建立多层次立体管控体系。峰峰矿区生态环境分局还动员各施工村聘请老干部、老党员和村民代表成立工程监督服务小组，监督工程质量，服务群众合理诉求；并将每个技术要领传达给群众，让群众了解其中每个细节，充分发挥群众的监督作用，真正使工程做到顺应民意、符合民愿、适合村情，使民生工程惠及民生、适用于民，着力打造阳光工程、良心工程、实用工程。工程建设上，建设中所需物资实行集中采购，实现优质低价、统一配送、专人管理，保证按需供应，及时回收，杜绝浪费；工程款通过财政评审统一拨付。同时安排专业技术人员对已完成污水治理建设的村庄进行技术跟踪服务，确保管网运行畅、终端出水良、回用水质好，实实在在把全区农村生活污水治理这项民生工程干到实处、用到需处，真正做到亲民、利民、惠民。

彭城镇张家楼村污水处理终端施工中

（四）借机谋划，由浊澄清聚民气

为确保污水管网、污水处理终端使用寿命长、清掏周期长，进一步减少乡村后期运维、管控费用的支出，峰峰矿区提出两端治理、中段隔离思路，即前端小型入户化粪池（三格式、茅窖）与污水管网连接，中段在每个检查井下水口都加装大孔径过滤篦，避免大颗粒杂物进入村庄管网内造成堵塞无法清掏，既确保了管网持久畅通，又推动了农村改厕工作整体进程，末端对村中或近邻居民的污水处理终端提升处理工艺，增加微景观绿化打造。由于无动力污水处理终端建设位置基本位于村庄较低位置，且该位置前期大部分“脏、乱、差”，基本为村庄“三不管”泄洪口、垃圾场，在建设无动力污水处理终端后，为确保终端服务年限，对终端周边进行防洪挡土墙砌筑，在防洪挡土墙范围内依托污水处理终端打造变成小游园，着力实现从“矿区变景区”到“清水绕人家”再到“全域皆景区”的蝶变。

截至 2019 年，峰峰矿区农村生活污水治理工程共铺设管网 60 余万米，建设 329 组污水处理终端。

峰峰镇后西佐村依托污水处理终端建设游园

三、经验启示

1. 提高政治站位。要把农村生活污水治理作为贯彻落实党中央、国务院生态文明建设战略部署的重要举措，充分认识农村生活污水治理对推进农村人居环境建设绿色发展的重要意义，站在讲政治的高度全力推动各项工作，确保高标准完成治理任务。

2. 抓好资金筹措。农村生活污水治理是一项公益性建设事业，几乎没有经济回报，资金筹措压力很大。要充分争取中央、省、市级专项资金和当地政府的配套资金支持。

3. 坚持科学规划。搞好农村生活污水治理，科学规划是重要前提。坚持“专业人办专业事”的原则，聘请专家团队提供技术和智力支撑。方案设计要充分考虑农村资金困难、人才匮乏、管理滞后等问题，坚持建设和运维成本低、易管易控、少占地、建设周期短的原则，避免因后期农村无力承担污水处理设施运行维护费用而成为“晒太阳”工程。

新坡镇野庄村依托污水处理终端建设游园

4. 规范工程管理。工程施工要委托专业管理公司参与管理，实行项目责任制、合同管理制、项目监理制，完善建设手续，按乡镇划分责任人，建立多层次的立体管控体系，真正使工程做到顺应民意、符合民愿、适合村情，着力打造阳光工程、良心工程、实用工程。

5. 坚持资源回用。农村污水的治理要以资源化回用为目的，实现就地回用、就地消化，为村民灌溉提供水源。

6. 强化宣传发动。充分利用电视、报纸、网络等媒介，让广大群众直观了解治理作用，争取广大群众的理解支持，激发广大群众“积极参与、共建家园”的主观能动性，形成全民参与、全民共建、全民共管的良好氛围，使农村生活污水治理成为改善农村人居环境的名片。

案例五

聚焦生态发展　增进民生福祉

全力提升“1+14”乡村振兴“沁河”模式的示范效应

山西省长治市沁源县沁河镇

一、背景情况

沁源县位于山西省中南部、太岳山东麓、长治市西北，晋东南、晋南、晋中交汇之地，国土面积 2 549 平方公里，因地处沁河之源而得名，现辖 6 镇 8 乡 254 个行政村。连续七年荣获中国最具投资潜力中小城市百强县，连续五年获评中国深呼吸小城 100 佳，被评为中国避暑休闲百佳县、全国森林康养基地试点县、全国脱贫攻坚优秀城市、全国森林旅游示范县、全国品牌农业示范县和中国乡村振兴示范县等。

沁河镇是县城所在地，下辖 29 个行政村和 4 个社区，总面积 196 平方公里。有各类植物百余科 600 多个品种，盛产黄芩、党参、柴胡等药材。全镇常住人口 6.5 万，人均收入 11 090 元，是农业大镇和商贸重镇。先后被评为全国重点镇、全国综合实力千强镇、全省小城镇建设示范镇、红旗乡镇。近年来，沁河镇按照乡村振兴“二十字方针”总要求，审时度势、砥砺奋进，创新提出“生态 +”发展理念，着力打造“1+14”乡村振兴的“沁河”模式：“1”即县城区，“14”即县城规划区内的6个城中村和县城周边的8个村，按照乡村发展布局划分为县城核心建设区和环城经济融合带，带动周边15个村形成环镇特色产业圈，构建起以“一核两山五个产业板块”为主的发展布局，走出一条质量优、效益好、可持续的发展新路。

二、主要做法和成效

（一）立足生态优势，着力夯实“1+14”乡村振兴示范区发展之基

围绕国家《乡村振兴战略规划(2018—2022年)》，立足县委“绿色立县，建设美丽沁源”战略部署，依托清华大学、中央美院等高等学府的乡建专家精准把脉，全面掌握沁河镇经济社会发展趋势和乡村演变发展态势。清华大学建筑设计研究院聚焦沁河镇生态特色和镇村特点，高屋建瓴、靶向施策，编撰了《沁河镇“县乡村一体化乡村振兴战略规划”总体报告》，为沁河镇绿色发展梯次推进提供了科学指导。

莲花宝坻住宅小区

（二）围绕生态理念，全力构筑“1+14”乡村振兴示范区建设之路

通过释放“1+14”国家级乡村振兴示范区“优势活力”，谋划实施了总投资16.8亿元的39个项目，全面打造形成“一核两山五大产业板块”布局。

“一核”：以规划区为主的城市功能核心区。继续配合县城重点工程项目建设，重点实施了城西2号地、3号地安置房建设，城东丁城渠拆迁户安置房建设，城北常青市场二期改造，旧村委拆旧建新、莲花宝坻住宅小区建设，配合做好丁城渠、西环路项目北线的拆迁任务，完成了北元整村改造前期工作。

任巧峰商贸楼

琴山景区

“两山”：东琴山和西紫金山。实施了集“绿水青山就是金山银山”生态建设和文旅开发为一体的环城森林公园建设，完成了油松主题公园前期工作。目前，已完成了以琴高真人墓址、滑雪场、锦鲤文化广场、玻璃栈桥等为主的琴山景区和以观景台、上山步道、自行车越野赛道等为主的紫金山旅游区建设。

“五大产业板块”：（1）商贸物流产业，依托县城区位优势和比较优势，形成了以麻巷万达汽贸园和河西恒兴商贸物流园为主的商贸物流产业。（2）现代农业产业，全力推动沁河缘农林牧、沁丰薯业、晋莲中药材等农业龙头企业发展壮大，实施了两千亩水肥一体化马铃薯种植项目、千亩道地中药材种植项目、千亩西圪梁片小杂粮种植项目，打造了千亩苗木基地，完成了有机肥加工基地前期工作。（3）城郊农业产业，为丰富县城居民的“菜篮子”和“米袋子”，打造了城郊观光休闲农业和农副产品加工基地。（4）文旅休闲产业，依托浓厚文化底蕴、特色地域文化和自然生态景观，发展了文旅休闲产业。

（5）红色研学产业，依托丰富的红色文化资源和绿色生态资源，借助党性教育基地优势，打造了红色研学基地。

韩洪沟村民俗旅游

麻巷村万达汽贸园

河西恒兴商贸物流园

晋莲中药材种植有限公司

东沟泉、有义村千亩水肥一体化马铃薯种植项目

丁家湾百亩黄芩种植项目

（三）深化生态强镇，汇聚创建“1+14”乡村振兴示范区持续之源

实施“厕所革命”，共为 1 307 户进行了旱厕改造；全面启动垃圾分类，新配垃圾车 8 辆，移动垃圾箱 12 个；推进清洁取暖工作，实施了 540 户农村建筑节能改造；实施冬季清洁取暖改造工程，共 819 户完成煤改电安装；实施集中供热工程，闫寨村、河西村、北元村 849 户全面启动建设。

三、经验启示

1. 保持战略定力，凝聚生态文明建设的全民共识。沁河镇牢固树立“极端重视生态文明建设”的工作理念，坚持做到上下同心、同频共振，把生态文明建设作为一项严肃的政治任务、一项发展的头等大事、一项首要的民生工程来看来抓，将良好的生态环境作为群众幸福生活的标准配置，将满足人民群众对良好生态环境的期待作为奋斗目标。

2. 突出“三生”融合，践行生态文明建设的时代要求。生态文明建设是一项长期的系统工程，最终目的是要营造“惠民利民、宜居宜业”的美丽生态。沁河镇坚持突出抓好生态、生产、生活“三生”融合，着重发展生态农业、旅游农业、文化农业、科技农业，做大绿色经济，让绿色成为沁河发展的主基调和城市形象的主色调。

3. 构筑责任体系，增强生态文明建设的政治自觉。一是要配强力量抓落实。选好干部，配强力量，持续完善工作方案，细化工作责任，明确重点建设项目，系统抓好创建工作的顶层设计和统筹推进。二是要建好机制抓落实。积极构建源头严防、过程严管、后果严惩的生态文明制度体系，完善落实环境准入机制、环境监管机制、生态补偿机制、生态考评机制、公众参与机制“五位一体”制度体系，给生态文明建设拉起“生命线”和“警戒线”。三是要造浓声势抓落实。要求各村（社区）深入开展“百村比拼、百村竞赛”，在互学互比中大干快上、争先进位。各相关企业要对照生态文明建设标准要求，集中开展自查自纠，补齐短板，确保不拖后腿、多做贡献。

案例六

生态固本　业态增效

山西省运城市芮城县

产业兴旺是乡村振兴的重中之重。近年来芮城县全面践行“绿水青山就是金山银山”理论，因地制宜，大力发展生态农业、循环农业、特色农业，走出了一条“生态固本、业态增效”的乡村振兴之路。

一、背景情况

芮城县地处晋秦豫交界的黄河中游金三角地带，境内北依中条山，南临黄河，地势北高南低，一面阳坡，国土面积 1 176 平方公里，辖 8 镇 2 乡 151 个建制村 9 个社区 41 万人，是传统的农业大县、全国产粮大县，在国家主体功能区划中属限制开发的农业主产区。芮城历史悠久，是黄河文明和中华民族的重要发祥地之一，现有国家级文物保护单位 12 处，特别是永乐宫元代壁画享誉四海，被称为“东方艺术画廊”。2006 年以来，历任县委、县政府坚持一任接着一任干，坚定不移走生态文明发展之路，大力发展现代农业、新兴工业、清洁能源和全域旅游四大生态产业，在一个战场上同时打赢生态保护、脱贫攻坚、转型发展、乡村振兴、能源革命五场战役，按下了高质量发展的“快进键”。先后被评为国家级出口水果质量安全示范区、国家生态原产地保护产品示范区、全国休闲农业和乡村旅游示范县、全国光伏领跑技术基地、中国最美生态文化旅游名县、中国花椒之乡等，也是国家生态文明先行示范区和国家全域旅游示范区创建单位。2018 年 12 月被生态环境部评为“国家生态文明建设示范县”。

荣誉证书

二、主要做法和成效

（一）清洁能源 + 现代农业，带动脱贫攻坚

中条山沿山一带土地贫瘠，生态脆弱，但属一面阳坡，光照充足，光能资源丰富。为了带动沿山一带产业发展，芮城县抢抓国家推进能源革命先机，实施了总投资 36 亿元、装机容量 500 兆瓦的国家光伏领跑技术基地项目，并创新实施“光伏 + 油牡丹”农林光互补用地模式，实现了土地资源有效利用、光能资源开发、现代农业发展和脱贫攻坚

的多赢。目前，一期项目占地 2 万余亩，光伏板下种油牡丹 14 000 余亩，连翘近 3 000 亩，增加全县森林覆盖率近 1 个百分点。沿山贫困户从土地流转中得租金，参与工程建设得工资，每年 176 万余块光伏板的清洗工程可为当地群众增收 200 余万元，荒山的流转又平均增加沿山一带村集体收入 200 余万元。项目年生产清洁能源 7.32 亿千瓦时，实现产值 5.71 亿元，减少煤炭消耗 36.3 万吨，减排碳粉尘 24.7 万吨，减排二氧化碳 90 万吨，减排二氧化硫 2.7 万吨和氮氧化物 1.4 万吨。投资 30 亿元的光伏二期项目将于 2020 年年底前实现并网发电。“清洁能源 + 现代农业”在推进能源革命、带动脱贫攻坚的同时，不仅可延伸发展油牡丹深加工，而且在沿山一带形成了新能源研学、休闲旅游观光带，成为推动乡村振兴的又一支柱性产业。

清洁能源

（二）循环农业 + 环境整治，带动全域旅游

一是建设万亩循环农业示范园，实施标准化养殖和农业废弃物资源化利用项目，形成“猪—沼—粮”“猪—沼—菜”生态循环农业模

式，实现作物生长零化肥，病虫防治零农药，畜禽养殖零添加，废弃农资零污染“四零”目标。目前园区功能中心年可产沼气60余万立方米，沼液5万吨，加工有机肥6 000吨；配套发展现代化育苗基地、植保观测厂和优质苹果、小麦高产示范区、七彩农业生产基地等，实现年产值8 000余万元，带动500余农户就业。在示范园区带动下，全县依托年产100万头生猪的温氏畜牧现代化生态养殖项目，大力推广有机肥代替化肥工程和水肥一体化项目，带动全县现代农业走循环发展之路。二是创新推动农业面源污染治理，2018年率先在全省出台《农业废弃包装物回收与处置办法》，优选第三方企业，统一回收处理，有效解决了“白色污染”，全县农业废弃物回收率、无害化处理率分别达到70%和100%。三是加大农村环境整治，全面推进乡村绿化、美化、亮化和精神文明建设工程，全县10个乡镇全部建成省级生态乡镇，45个村建成美丽宜居示范村。依托县城3个4A级和1个3A级景区，结合循环农业、美丽宜居示范村，大力发展休闲农业和乡村旅游，逐步由单纯的农业观光采摘拓展到文化传承、涵养生态、农业科普等多个方面，形成以“农家乐”和聚集村为主的民宿休闲游模式，以自然景观、特色风貌和人文环境为主的生态文化游模式。2019年全县共接待游客700余万人次，实现旅游收入近60亿元，同比增长17%。

循环农业

（三）特色农业＋精深加工，带动品质农业

芮城花椒、芮城苹果、芮城屯屯枣、芮城芦笋、芮城香椿先后被认定为国家地理标志农产品，围绕特色产业，大力推广现代农业生物技术和标准化生产。“芮城苹果”全县种植面积30余万亩，果园标准化率达到35%以上，年均产量70余万吨，实现产值21亿元，实现纯收入14亿元；每年出口加拿大、新加坡、俄罗斯等23个国家和地区，出口量稳居全省前列。芮城“大红袍”花椒历史悠久，香味独特，深受市场青睐，全县种植面积近12万亩，在做优花椒品质的同时，不断延伸产业链，提升价值链，完善供应链，仅花椒籽加工企业全县发展有21家，年可加工花椒籽3万余吨，加工量占全国市场60%以上，产品价值达到亿元以上；还延伸发展花椒酱、花椒粉和花椒芽菜等特色产品，远销北京、上海、重庆、西安等城市。同时以亚宝药业为龙头大力发展现代医药产业集群，带动全县中药材种植产业蓬勃发展。目前全县5 000万元以上农产品加工企业达到25家，2019年完成销售收入近20亿元，带动全县农民纯收入递增7%以上。

美丽乡村

（四）集体经济 + 托管服务，带动规模经营

针对劳动力外流带来的“谁来种地、怎么种地”，以及小农户缺乏现代生产技术导致土地产出率低、工商资本下乡对小农的挤出效应问题，芮城县大力发展土地托管，推动小农户融入现代农业产业链。一是创新体制机制，以项目实施托管。县委、县政府把农业托管作为全县重点项目，由三名县级领导组成“三人小组”全程跟进督导，村集体经济组织把全村缺劳动力、缺技术的农户土地集中起来统一管理，县农经中心加强对服务主体资格的审查和价格、质量监管。二是坚持双向选择，以“菜单”推进托管。服务主体根据不同作物定“套餐”，农户立足家庭实际“点餐”，村集体经济组织当好“中介”，引导服务主体和农户签订服务合同。三是加强利益联结，以共赢巩固托管。县土地托管服务组建县级农业社会化联合体、乡镇农业生产托管服务中心、村级农业生产服务站“三级服务体系”，确保农民在不改变土地承包权、经营权和收益权的前提下，进行规模化经营和服务，形成了稳定的托管服务利益联结共同体；各服务主体将托管中的增益部分“大头”返给农户，吸引更多农户积极加入农业托管服务。托管服务创新了农业经营方式，实现了土地与劳动力、资金、技术等要素的有效结合。托管服务主体在提供服务的过程中，大力推广新良种、新农药、新肥料及新机具，准确把握耕种时间、品种选择、田间管理、机械收种，较好地实现了标准化生产，也有效解决了因劳动力不足等问题造成的种地管理难、病虫害防治效果差等问题，带动了农业生产机械化和粮食生产规模化、集约化以及农产品生产绿色优质化，改善农业生态环境，达到了节本、增效、提质的目的。目前全县小麦托管面积达到 15 万亩，苹果生产托管 2019 年刚起步就达到万亩以上，特别是贫困农户在加入托管后，通过科技增效小麦亩均增收超过 500 元。

光伏油牡丹

三、经验启示

在坚持生态文明发展之路，以生态环保助推乡村产业振兴的过程中，芮城县主要有四方面体会。

1. 强化生态意识是前提。现代市场对农产品的消费，注重的是生态、安全、放心，农民必须转变传统生产观念、生产方式，牢固树立生态意识，面对市场生产绿色产品、有机产品，才能既“产得好”又“卖得好”，打出特色品牌，增加产品附加值。

2. 发展循环农业是关键。现代农业是一个综合体和系统工程，只有做到废弃物资源化利用，实现“饲—养—沼—种”闭环式循环，才能既降低成本又实现生态化作业，在生产中涵养水土，实现可持续发展。

3. 产业融合是方向。生态农业既是一种生产方式，也是一种文明模式，在推进第一、第二产业融合过程中，应注重向第一、第三产业融合发展，让农民既在生产过程中增收，又在弘扬生态文化、保护环境中受益。

4. 推进小农户现代化是重点。小农户长期存在且缺乏技术，农村大量劳动力外流，致使土地撂荒、生产传统、产出率低，土地资源浪费、农产品质量不高的现象普遍存在。要发展现代生态农业，必须全力解决好小农户问题，以托管服务方式将小农户纳入现代农业产业链，既留住了土地情结，也带动了机械化、规模化和生态化生产，是当前推进乡村振兴中的最佳选择。

案例七

放下斧头当导游
小康生活不用愁

内蒙古自治区兴安盟阿尔山市白狼镇

一、背景情况

白狼镇地处大兴安岭中段岭脊南侧，位于阿尔山市政府所在地东南30公里处，西与蒙古国毗邻，边境线长40公里。辖区总面积720.55平方公里，现辖白桦林社区和林俗村、鹿村两个特色产业村，现有户籍人口共1 161户，居住人口2 388人，其中林业人口约占全镇总人口的80%。白狼镇生态环境优美，自然资源丰富，森林覆盖率高达86%，自然生态良好。野生动物种类繁多，有6目15科57种；野生植物资源丰富，有55科189属239种。白狼镇矿泉水源来自地下3 300 ~ 3 600米的深度，形成于第三纪火山口喷发后，水位不受季节变化影响，水流量日均在859吨以上。独特优质的矿泉资源吸引了海亮、汇东、蓝海、伊利集团多家企业进行开发建设，其中蓝海集团、伊利集团两家矿泉水厂现已入驻白狼。白狼镇2011年荣获全国环境优美乡镇，2018年获得特色小镇荣誉称号，2016年成为《奔跑吧，兄弟》第四季拍摄地，2019年成为《亲爱的客栈》第二季拍摄地。

二、主要做法和成效

2003 年为了改善林业富余人员生活状况，白狼林业局和镇政府提出“放下斧头当导游，小康生活不用愁”的旅游发展思路，开始在林俗村发展林俗旅游，在鹿村发展特色养殖业。经过十几年的发展，旅游逐渐有了起色，带动了一部分人富起来，增加了收入，改善了生活。

（一）推进“旅游 + 林俗文化”，打造一批以文化为主导的旅游品牌

白狼镇进一步挖掘林俗文化，努力培育和塑造一批富含林俗文化内涵的旅游产品，丰富旅游要素，满足当今旅游市场需要。一是打造林俗生活体验区。对林俗村实行保护性开发利用。目前已通过棚户区改造工程征收林俗村房屋 47 栋，计划对这 47 栋房屋及院落进行改造，建筑面积约 1 400 平方米，修旧如旧成为具有林俗特色的餐饮住宿房屋，同时对基础设施进行建设，完成村内道路硬化、路灯亮化、四周绿化，建设林俗休闲广场 3 000 平方米，为林俗旅游提供坚实基础。二是打造林业生产体验区。以白狼四道沟贮木场为基础，反映林业生产全套流程，让游客在这里可以完整地看到木材生产，采、集、造、卸、选、归、装全部展示，还可以亲自体验劈柈子、抬木头等林区特有生产流程，将其打造成为具有全国首创意义的林俗文化演绎基地。

桃源新村

制作树皮画

（二）推进“旅游 + 冰雪极限运动”，培育冬季旅游市场

依托优质的冰雪资源，白狼镇一直致力于将冷资源打造成热产品，提出了打造“原生态冰雪观赏运动目的地”的口号。通过举办节庆文化活动以及冰雪极限运动不断加大冬季旅游宣传力度，培育旅游市场。目前白狼镇已成功举办阿尔山市滚冰节、阿尔山市冬季冰雪趣味运动会、雪地汽车拉力赛、雪地摩托挑战赛等活动，吸引了全国各地游客前来体验。

滚冰节

（三）推进“旅游＋特色种植养殖”，逐步形成白狼特色种植养殖旅游品牌

白狼镇把旅游与特色种植养殖相结合，建设了一批以“林下野生植物采摘体验园”和“旅游扶贫产业园”为代表的特色旅游项目。采摘体验园项目位于林俗村，占地 150 余亩，着眼于林下珍贵食用植物的研究、培育、观赏、采摘体验，目前已开展试种工作。旅游扶贫产业园现已完成了 3 000 米的网围栏建设和 6.2 公里的道路硬化工程。园中现已投放野猪、梅花鹿等动物。2019 年湖南卫视在此地拍摄《亲爱的客栈》，接待游客 3 万余人。下一步计划扩大园区养殖面积，安装旅游标识牌并修建旅游公厕，同时申请国家 AA 级旅游景区并编入阿尔山市旅游线路。

鹿园

（四）推进“旅游＋林下产品加工业”，丰富旅游纪念品市场

依托鹿村商贸有限责任公司和天原公司，批量加工白狼本地出产的野生蘑菇、木耳、灵芝等独具特色的林下产品。开发研制蒲公英茶、中草药茶饮等特色产品，扩大产品种类，提升旅游附加值。

灵芝

（五）推进“旅游＋景区景点建设”，打造精品旅游景区

一是提升奥伦布坎AAAA级景区和白狼峰景区，力求构建集森林观光、文化体验、科普教育、自驾休闲、生态度假多功能于一体的综合性休闲旅游区。二是以兴安敖包、雾凇为主要观赏点，加大对雾凇观赏景区景点基础设施投入力度，谋划建设岭上观光塔、景观灯光秀、雪韵摄影基地、停车场及服务设施。三是积极协调国家文化和旅游部红色办公室，给予南兴安爱国主义教育基地相应的政策支持和红色文物，不断挖掘揭露第二次世界大战时日本军国主义侵华历史，强化爱国主义教育。

奥伦布坎景区

白狼镇以突出生态旅游产业，打造“旅游＋林俗文化”“旅游＋冰雪极限运动”“旅游＋特色种植养殖”“旅游＋林下产品加工业”“旅游＋景区景点建设”的产业模式，经过十几年的努力实现了“绿水青山就是金山金山”“冰天雪地也是金山银山”的发展目标。同时，实施小流域治理项目，改善水资源，雇用建档立卡贫困户为护水员，为其增加收入。2019 年全镇共接待旅游人数 10 万余人次，旅游收入达到约 1 亿元，人均可支配收入 3 万元，地区生产总值 4.13 亿元，在生态环境保护和绿色经济发展上走出了一条可持续发展之路。

三、经验启示

良好的生态环境资源就是发展之基。阿尔山市白狼镇突出生态旅游产业，开发“旅游 + 林俗文化”“旅游 + 冰雪极限运动”“旅游 + 特色种植养殖”“旅游 + 林下产品加工业”“旅游 + 景区景点建设”的产业模式，是国有林区生产经营改革的典型，是习近平总书记“绿水青山就是金山银山”理念的印证。

因地制宜，从实际出发，遵循自然规律和经济规律，发展地方特色的产业发展之路就是经济社会可持续发展之路。

生态环境保护是功在当代、利在千秋的一项事业，白狼镇现存良好的生态环境离不开白狼镇所有居民、林业工人的共同参与、团结协作。白狼人民通过植树造林、护林防火、依据当地自然资源优势发展当地特色产业，将人与自然和谐共生谱写出“白狼篇章”。

案例八

打通“绿水青山就是金山银山”转换通道　擦亮乡村振兴底色

河南省信阳市新县

一、背景情况

新县地处豫南大别山腹地，总面积 1 612 平方公里，辖 17 个乡镇（区、街道），206 个行政村（社区），总人口 36.8 万，是全国著名、河南唯一的将军县，也是国家扶贫开发工作重点县和大别山集中连片特困地区县。

金兰山

近年来，新县树牢“红色引领、绿色发展”科学理念，紧扣“山水红城、健康新县”发展定位，视山如父、视水如母、视林如子，实现经济社会发展和环境保护双赢，推动了乡村振兴。植被覆盖率达95% 以上，森林覆盖率达 76.7%，年空气优良天数稳定在 300 天以上，空气中负氧离子含量每立方厘米达 1.4 万个，是“天然氧吧”。2019 年，全县地区生产总值、固定资产投资、社会消费品零售总额、居民人均支配收入、一般公共预算分别增长 6%、13.9%、10.2%、9% 和 9.5%，先后获得国家生态县、国家生态文明建设示范县、“绿水青山就是金山银山”实践创新基地等 10 多项国家级荣誉。

生态城镇

二、主要做法和成效

（一）树牢制度理念，守好绿水青山

一是明晰发展思路。深入践行“绿水青山就是金山银山”理念，将生态保护和生态文明建设控制性指标写入《政府工作报告》，接受人大代表审议，使发展方向更明确、发展路子更清晰。二是科学编制规划。编制实施《国家生态文明建设示范县规划（2016—2022 年）》和生态环境状况蓝皮书，香山湖国家湿地公园、郭家河省级湿地公园建设总体规划相继获批。三是严格制度约束。出台《党委政府及有关部门环境保护工作职责》，试点开展乡镇领导干部自然资源资产离任审计，全面推行“河长制”“湖长制”“林长制”，提高生态文明建

设工作在党政实绩考核中的比重，以鲜明的责任导向促进干部精力聚焦、责任上肩，高质量开展“绿水青山就是金山银山”实践创新基地创建工作，积极营造天蓝、地绿、水净的生态环境，念好“山字经”，唱好“林中戏”，打好“生态牌”，走好“特色路”，“绿水青山”在新县正源源不断地转化为“金山银山”，并于 2019 年 11 月 16 日荣获全国第三批“绿水青山就是金山银山”实践创新基地称号。

杜鹃

（二）强化综合治理，扮靓美丽乡村

一是加强污染防治。坚持县乡村三级联动、“气水土”三净合一，全力打好污染防治攻坚战。严格落实扬尘污染防治“六个百分之百”要求，开展城市清洁行动，取缔“散乱污”企业 79 家。综合治理域内 92 条河流，对城区内河进行全面清淤，完成县污水处理厂提质达标工程，建成产业集聚区污水处理厂、21 个乡镇人工湿地，消除城区污水直排。推进土壤污染监管、治理和修复，化肥、农药施用量实现零增长。二是强化生态建管。启动大别山（新县）国家公园建设，推进连康山国家级自然保护区、金兰山国家森林公园等“一区六园”保护与建设，加强大别山水土保持生态功能区保护，实施“美化大别 · 绿满山河”国土绿化行动，对山场、河流登记建档，挂牌保护 1 500 棵

古树名木，99.1万亩公益林全部纳入森林保险。三是建设宜居乡村。落实习近平总书记“千村示范、万村整治”重要批示精神，推进“三清、五改”，整治农村“八乱”，农村旱厕、非正规垃圾堆放点、污染坑塘全部清零；新建旅游及农村卫生公厕819座，完成户改厕5万多户，被评为河南省“厕所革命”先进单位；启动农村垃圾和污水处理PPP项目，开展垃圾分类试点，实现无动力污水处理设施全域覆盖，广袤乡村呈现“点上出彩、线上美丽、面上洁净”美好景象。印发了《新县环境空气质量稳定达到国家二级标准实施方案》《新县创建空气质量国家二级标准城市考核和奖惩办法》等9个专项19个细化方案，并聘请市攻坚办专家技术团队到新县驻地指导，强力推进各项创建工作。2019年，新县环境空气质量PM_{10}平均浓度为59微克/米^3，同比下降11.9%；$PM_{2.5}$平均浓度为35微克/米^3，同比下降14.6%；累计优良天数306天。3个出境断面河流水质均达到《地表水环境质量标准》（GB 3838—2002）Ⅲ类标准，县城集中式饮用水水源地水质达标率达到100%。土壤环境质量总体安全，生态环境质量持续走在全省前列，新县创成全省首批空气质量国家二级标准城市。

和谐相处

（三）挖掘生态价值，助力脱贫攻坚

着力将生态优势转化为经济发展优势，实现脱贫攻坚与污染防治两场战役双赢，围绕做好“山水”文章，让绿水青山变为金山银山。一是推进产品变礼品。利用优越的生态资源，大力发展茶叶、油茶、中药材、食用菌等特色农业，开发农副产品和特色旅游商品 180 多种，特色种植突破 60 万亩。“三品一标”认证农产品面积达 55.7 万亩，“新县将军菜”“新县山茶油”通过农产品地理标志认证。二是推进民房变客房。按照“一镇一主题，一湾一特色”目标定位，打造“九镇十八湾·全域游新县”“赏花济”等乡村旅游特色品牌，启动乡村振兴空间布局规划，不挖山、不填塘、不砍树、不截断河流、不取直道路，建成西河、丁李湾、田铺大湾等一批美丽乡村，发展农家乐 600 多家、精品民宿 94 处，乡村旅游接待床位达 8 000 张。三是推进农区变景区。将乡村振兴融入新型城镇化总体布局，努力将乡村振兴成果最大限度转化为城乡融合发展成果。建设以文化廊道、生态绿道、休闲慢道、登山步道为主的乡村旅游风景线，实现村村互联、景景互通。实施集散咨询体系提质工程，建成旅游集散中心 2 处、旅游驿站 22 个，改造生态停车场 70 处，旅游基础设施建设为群众提供公益岗位 1 723 个，年人均增收 7 235 元，84.34% 的贫困群众从旅游及相关产业中受益。2020 年“五一”期间，全县接待游客 73.4 万人次，实现旅游综合收入 4.9 亿元，分别增长 5.1% 和 8.7%，精品民宿入住率达 100%，全域旅游已经成为新县经济发展的新引擎。2018 年 8 月 8 日下午，河南省人民政府新闻办公室召开新闻发布会，宣布新县成功实现脱贫摘帽。

秋韵

三、经验启示

1. 规划是引领。将生态建设规划与城乡建设总体规划、水土保持规划、产业发展规划紧密结合，出台沿淮河、长江流域治理规划、植树造林规划、县城园林规划、主干道绿化整治规划，以科学规划引领生态文明建设。

2. 保护是基础。新县牢固树立 “红色引领、绿色发展” 理念，在全县倡树 “视山如父、视水如母、视林如子” 的生态意识，把生态文明建设作为县域经济发展的立足点，不断厚植生态文明基础，实现了从 “眼里有生态” 向 “心中有生态” 的转变。

3. 制度是保障。新县扎紧制度笼子，出台《国家重点生态功能区产业准入负面清单》、“林政资源管理三十条” 等政策，刚性执行环保 “第一审批”“一票否决” 和项目建设 “三同时” 制度，实行最严格的源头保护、损害赔偿和责任追究制度，用最坚决的态度、最严厉的措施、最公正的标准惩治环保违法违规行为，让生态 “红线” 成为带电 “高压线” 。

4. 发展是关键。建设生态文明是为了更好的发展，让人民过上更加幸福的生活。新县始终将推进生态文明建设作为促进绿色发展的发力点、高质量发展的增长点，用力打通 “绿水青山就是金山银山” 的转化通道，让广大人民群众共享生态文明建设成果，让生态文明成为老区干群的行动自觉和行为自觉。

案例九

乡村振兴　绿色发展

辽宁省盘锦市盘山县太平街道

一、背景情况

太平街道位于辽宁省盘锦市西北部，距离盘锦市区 5 公里，是盘山县县城所在地，属温带大陆性半湿润季风气候。太平街道辖区面积 108 平方公里，耕地面积 5 万亩，下辖 8 个行政村、9 个城市社区，户籍人口 3.03 万人，常住人口 6.2 万人。

风景如画

近年来，太平街道深入贯彻落实中央、省、市乡村振兴总要求，结合区域实际，积极践行发展理念，以美丽乡村建设为抓手，激活乡村发展新动能，镇村经济社会实现了高质量发展。2019 年，街道财政一般预算收入实现 1.6 亿元，城乡居民人均可支配收入达到 2.1 万元，先后获得多种荣誉称号，被中央文明委评为“全国文明村镇”，被原国家农村经济委员会评为“全国农垦现代农业示范区”“国家现代农业示范区”“全国农业标准化示范农场”，被国家七部委评为“中国绿色名镇”，被原环境保护部评为“国家级生态乡镇”“全国生态文明镇”“全国生态文明先进镇”“国家有机食品生产基地”，被辽宁省委、省政府评为“文明乡镇”，被原辽宁省农村经济委员会、原辽宁省林业厅等部门评为“辽宁特产有机大米之乡”。

二、主要做法和成效

（一）主要做法

1. 健全生态机制，提供坚强保障。成立了由街道党工委书记、街道办事处主任任组长，领导班子其他成员任副组长，相关部门负责同志、各村（社区）党支部书记为成员的生态建设领导小组，明确任务分工，落实工作责任，形成一级抓一级、层层抓落实的良好工作格局，有效保障了街道生态文明建设的有序开展。

2. 强化生态保护，打造绿水青山。太平街道大力开展植树造林绿化美化工作，累计植树 60 多万株、栽植花卉 400 多万株、铺设草坪 200 万平方米，建设乡村小树林 7 处，呈现出“树成行、林成网，到处闻到鲜花香，绿荫深处是村庄”的美丽景象。普及清洁能源，投资 600 多万元在全街道各村屯主街主路安装太阳能路灯 1 200 盏，安装管道集中式天然气 2 326 户，安装壁挂炉 2 139 户。目前，全街道水、电、燃气、通信等生活服务设施齐全，居民已普遍使用上电、气、太阳能等清洁能源。加强水源地保护，集中式饮用水水源地水质持续保持优良，自来水普及率达到 100%。实施测土配方施肥，逐年减少农药、化肥施用量，在保护土壤、培肥地力的同时，大大减少农产品农药、化肥残留量，全面保障食品安全。

3. 优化生态环境，建设美丽乡村。2014年以来，太平街道共投入1.1亿元实施环境综合治理，建设美丽宜居乡村。实施安居工程，完成集中连片房屋“平改坡”，进一步改善了人居生活条件。在新村、张家村、常家村3个村建设小型污水处理设施，厕所和厨房污水通过污水管线进入小型污水处理设施进行有效处理。依托城乡大环卫体系，开展生活垃圾分类收集，设立保洁员71名，配备电动三轮车68台，免费为居民发放分类收集垃圾箱，居民生活垃圾实现了分类投放、统一收集、统一清运处理。开展农村“厕所革命”，共改造室内卫生厕所2 523座，将各村、社区、企事业单位旱厕全部关闭，投资30万元完成新村、常家村等7个村及贾家社区改厕工程，并全部对外开放供群众使用。

稻田漫步

4. 发展生态经济，助力脱贫攻坚。依托“国家级现代农业示范区”，大力发展立体生态种养模式，实现了“一水多用、一地多收”，促进了农业增效、农民增收和农村发展。发展设施农业，丰富了城乡居民“菜篮子”，有效增加菜农收入。完善工业园区基础设施建设，严把招商引资关口，注重引进无环境污染的企业项目，从源头为生态环境保护保驾护航。狠抓工业废水处理，加强工业“三废”治理，推进能源资源节约利用和回收利用。发挥区位优势，全力发展壮大现代服务业，镇域经济发展势头强劲。

5. 发展生态旅游，助推乡村振兴。太平街道大力发展生态旅游，2016 年投资 680 万元建成以湖畔逸舍、洪记羊汤、新村青年营、老村长铁锅炖鱼等为龙头的新村村民宿餐饮一条街，新村羊汤等特色美食远近闻名。2017 年 1 月在新村村设施农业园区初步建成果蔬采摘园，受到采摘游客的青睐，成为“城里人”周末休闲度假的好去处。2017 年 3 月投资 550 万元在新村村建成稻田漫步系统，成为“田野中的风景廊道”，目前正在申报国家 AA 级旅游景区。2018 年投资 240 万元建设民宿 104 户、床位 828 张，努力打造民宿旅游目的地。

特色稻田画

（二）工作成效

通过开展美丽乡村建设，强化生态环境保护，壮大乡村经济，太平街道人居生态环境得到显著改善，农村群众精神面貌发生巨大变化，文化生活得到极大丰富，农村基础设施、服务设施建设取得长足进展，特色产业蓬勃兴起，经济、社会、环境初步呈现高质量发展态势。

生态氧化塘

1. 美丽乡村完美蝶变。通过开展农村环境综合治理和美丽乡村建设，农村实现了“五进院”，达到“五洁净”。基础设施得到不断完善，村民庭院有院墙、围栏、仿古墙顶、门楼、甬路。黑色路面实现屯屯通，有街牌、路牌，石砌边沟、路肩硬化、牙石铺设全覆盖。建设污水处理设施，实行生活垃圾分类，环境卫生管护水平得到提高。各村（社区）均建设了公立卫生室、大众浴池、文化广场、书屋，街道建设了新时代文明实践所，村村有农村互助幸福院，社区有日间照料室，数字电视和宽带网络实现街道全覆盖，居民全部用上天然气，过上“城里人”的生活。

2. 生态经济快速发展。全力发展生态农业，严格执行有机食品生产操作规程，科学施用农家肥、有机肥和生物肥，采用物理和生物方法防治病虫草害，生产生态有机食品，全街道 4 万亩水稻、5 000 亩大豆获得原国家环保总局有机食品认证。创建稻、鱼、蟹、豆立体种养模式，田里种稻，水里养鱼、养蟹，埂埝种豆，实现一水多用、一地多收。全街道 6 万亩河蟹、1 万亩淡水鱼获得原辽宁省海洋与渔业厅无公害农产品认证。全街道棚菜生产面积达到 300 万平方米，施用低毒、低残留农药、化肥，生产无公害蔬菜，年产蔬菜 5 000 万公斤，全街道有 2 500 亩蔬菜获得辽宁省绿色食品办公室绿色食品认证。现代服务业发展壮大，全街道各类工业企业达到 80 家，个体工商户达到 2 533 家。

稻、鱼、蟹、豆立体生态种养

3. 环境保护成效显著。通过积极采取强化工业污染防治、农村环境综合整治等措施，街道区域空气、水、声环境全面达到功能区标准，饮用水卫生合格率、生活垃圾处理率均达到 100%，实现城乡环境质量显著提升，人与自然实现和谐共生。

4. 生态意识显著增强。街道通过召开会议、入户宣传、教育培训等形式，使生态保护和乡村振兴意识家喻户晓、深入人心，居民环境意识和文明程度得到普遍提高，形成了自觉参加生态建设和保护生态环境的良好氛围。

三、经验启示

太平街道在推进生态文明建设、促进乡村振兴的实践中，充分发挥在生态修复治理和新能源、高效节能、先进环保、资源循环利用等领域的特色优势，积极探索和创新方式方法，取得了一定工作成效，积累了一些工作经验，也为推进生态文明建设提供了启示和借鉴。

1. 深入贯彻落实习近平生态文明思想，牢固树立和践行“绿水青山就是金山银山”的绿色发展理念，通过全力开展生态保护和环境建设，使城乡重要生态功能区、重点资源开发区和街道整体生态环境得到有效保护。

2. 广泛宣传，统一思想，形成共识，引导全社会关注，凝聚社会力量，共同参与生态文明建设和乡村振兴工作，实现生态文明建设成果共享。

3. 坚持因地制宜，形成地域特色，依托自然、社会、经济、资源等条件，尊重本地客观实际和农村乡土文化，尽可能保留乡村自然风貌，体现地域特色。

4. 以生态理念推动绿色发展。积极发展生态农业、智慧农业、认养农业、订单农业，加快推动现代农业发展，不断提高农业经济效益和生态效益。积极培育战略性工业产业，发展以体现生态治理和精准扶贫等社会效益为地方特色、以清洁能源产品和高端化工产品为主的生态环保型新兴产业。把旅游业作为发展绿色服务业的核心，加快推进提档升级，全力发展绿色旅游业，以绿色经济发展助力乡村振兴。

第二篇

华东地区

案例一

环境整治促脱胎换骨
生态转型助乡村振兴

上海市闵行区华漕镇

一、背景情况

华漕镇位于上海市闵行区北大门，东临虹桥交通枢纽，南眺国家会展中心，北倚苏州河，西望淀山湖。历史悠久的“华亭漕运”古镇，已成为新时代大虹桥商务区的重要片区。镇域面积 28.5 平方公里，下辖 16 个村和 14 个居委会，现有常住人口 18.48 万人，其中户籍人口 5.06 万人。先后荣获“上海市文明镇”“上海市中小河道整治先进集体”“上海市河长制标准化示范街镇”等荣誉，生态文明建设、乡村振兴成效等在“学习强国”、《解放日报》等平台和媒体多次展示。

华漕地处上海城郊接合部，环境整治前曾被称为闵行的“西伯利亚”，老百姓以“雨天一身泥、白天一身灰、河沟臭难闻”来形容当时恶劣的环境。面对脏乱无序的现状，华漕镇痛下决心，上下合力，率全市之先启动“五违四必”环境综合整治，拆除违法建筑超 330 万平方米，实现农村建设用地减量化 2 000 余亩，关停并转“三高一低”企业 850 余家。

大乱之后必须大治，华漕镇全面开展生态环境修复和美丽乡村建设全覆盖，共建设林地 3 600 余亩，林草覆盖率提升到 24.8%，建成区人均绿地面积达到 20.3 平方米，新增水面积超 12 万平方米，175

条河道全面消除黑臭并基本消除劣V类，镇级以上河道全面达标，空气质量优良率达81.1%。全镇经济实施生态转型，集体经济经历短期阵痛后迅速反弹。

“补短板、拆违建，治环境、惠民生，促转型、谋发展”的环境综合治理令华漕脱胎换骨，面貌焕然一新，有力地促进了乡村振兴战略的实施，让华漕镇洋溢着新时代社会主义美丽新农村的勃勃生机。

二、主要做法和成效

（一）“五违四必”还旧账，脏乱污臭做减量

“五违”是城市发展的“万恶之源”，华漕作为上海市郊的典型乡镇，过去面临着人口导入量大、违法用地违法建筑多、社会治理成本高、城乡发展不均衡、农民收入分配不公等问题。

以临近上海中心城区的华漕许浦村为例，从2000年开始，便利的交通、低廉的房租，吸引了大量人员。0.75平方公里的村子中，村民约2 000人，却集聚着3.5万外来人口、近300家企业、600多个违法经营摊点，这里几乎家家都有违法建筑，村里乱搭乱建，村道狭如羊肠，“猫过都得扭扭腰”。这也必然会导致环境急剧恶化：垃圾乱扔，异味弥漫，夏季生活垃圾量曾高达45吨/日；居民随意排放生活用水、污水、粪便，令河道成了黑臭断头污水沟。村民怨声载道。

蝶变——许浦村

华漕作为落实上海市委关于社会治理的“一号课题”的先行者，从许浦村“拆违”开始，打响了全市“五违四必”环境综合整治的第一枪，创造了51天拆违57万平方米的“许浦速度”，同时组织开展大规模无证无照取缔专项整治35次，出动执法干部950人次，拆除店招店牌565块、雨棚20处、车棚12处，清除黑色广告1.1万余张，明沟清淤7.3公里，检查企业1 088户次，整治安全隐患1 574条，取缔“三合一”80处，拆除建筑结构隐患67处，收缴液化气钢瓶156只，整治“非改居”13处253间。全镇以“拆、修、建、管”工作链为抓手，以拆除330余万平方米、复垦2 000余亩的力度，拆出了地区发展新空间，也拆出了老百姓看得见的“绿水青山”，成为上海着力“补短板”的缩影，许浦村也成为“上海市美丽乡村示范村”。

（二）美丽乡村变新貌，“绿水青山”做增量

面对大量拆违后的满目废墟，在闵行区委、区政府的大力支持下，华漕以修复生态环境、完善和提升乡村基础设施为着力点，开展了“美丽乡村”建设，实现脱胎换骨，重现鸟语花香。

示范先行，打造“美丽”领跑者。目前，华漕镇12个非动迁村已全面完成“美丽乡村”建设，总投资约4亿元。根据各村实际情况和村民需求，邀请上海华东建筑设计院开展因地制宜的“一村一方案”设计，凸显各村特色和亮点。王泥浜村将违建场地变身为村民休闲的“生态苑”，并以“美丽庭院”创建为发力点，着力整治院内棚舍，提升人居环境。村内宅基地户155户，房屋710间，村“两委”班子将院内棚舍整治、“美丽庭院”创建和“以奖代补”等村级福利相挂钩，以先签先创为原则全面启动签约，最终整治院内棚舍12 800平方米，打造“一宅一景”。

高铁畔生态新家园——王泥浜村

赵家村流转出20余亩零散土地，设置了花海、森林氧吧、苗圃等四类农业基地。华漕村将拆违区域改造为足球场，引进了范志毅领衔的“老克勒”足球俱乐部，打造了青训基地。为营造人与自然和谐共生的生活环境，2018年9月，在纪东村利用原有涵养林打造了占地151亩的吴淞江野生鸟类栖息地，致力于成为上海人与自然和谐共生的生态文明示范基地。通过“五违四必”、土地减量化等方式腾地，3年多来森林覆盖率增加3%。规划建设10.8公里吴淞江生态廊道，将沿线村庄进行“绿色链接”，已建成485亩，成为苏州河入城段的城市绿色飘带。

江南乡恋——赵家村

消黑除劣，重塑水乡新风貌。华漕镇水系发达，各村宅前屋后池塘众多，脏乱差和黑臭问题突出。水是乡村之魂，消除水污染、恢复水生态是乡村振兴的重要内容。2017年起，启动了66条段37公里总投资约20亿元的河道整治，增加水面积12万余平方米；连续两年新增5 400余户污水纳管，2018年年底实现农村污水收集处理全覆盖；水体全面消除黑臭，成功通过生态环境部、住房和城乡建设部联合开展的城市黑臭水体整治督查，获得“上海市中小河道整治先进集体”

称号。2019 年起，结合苏州河支流第四期综合整治，启动 34 条段河道等 5 大类 12 个项目以及 90 条段全面消除劣 V 类水体的工作。2017 年初期全镇河道达标率仅 10%，2019 年年底镇级以上断面全部达标，175 条河道 95% 以上为 V 类水。游鱼河中戏、白鹭水上飞的情景随处可见，河道边、池塘岸已成为居民休闲散步观景的好去处。

荷风绿韵——上海市最美河道龙尖嘴

强化自治，村规民约升级。“美丽乡村”建设之后，如何长葆“美丽”？长效管理势在必行！华漕镇敏锐地意识到，由于相关法律法规的空白，难以对村民的行为进行有效约束，导致垃圾乱扔、污水乱排、电线乱拉、群租现象突出，而这些日常管理的瓶颈和难点就成为村规民约聚焦的重点。为此，从镇—村—民三个层面，华漕镇将村民自治成效与镇级农民长效增收平台分红挂钩，以利益机制倒逼村民行为转变。制定村网格巡查制度，以村委干部为责任人，压实网格员责任，落实河长制、路长制等制度，形成了生态环境长效管理模式，进一步保障了村宅环境的整洁、安全，村民参与自治共治的积极性也越来越高。聘请专业养护单位在河道保洁、林地养护、垃圾收运、雨污水管道养护等方面进行日常的维护和管养。同时，在安全、环保、文明施工等领域委托专业机构进行日常监管，多措并举保证辖区生态环境长效管理。

（三）产业转型促升级，金山银山焕新彩

以大虹桥建设为契机，推动产业转型升级。华漕全镇划入了上海市虹桥主城片区建设范围，为全镇发展提供了优势和机遇。近年来，华漕镇正逐步淘汰低端企业、产出产税偏小企业，引入生态绿色型的大健康产业类、科技文创类、现代服务类项目，已完成850家“三高一低”企业整治工作，优化了产业结构。同时抢抓制高点，寻求新突破，完成《华漕镇医疗健康产业发展规划》，全面打造国际一流医疗健康新城；设立国家会展中心华漕迎商中心，实施精准招商；扶持企业科技创新，2019年新认定市科技小巨人企业1家、市企业科技中心1家、高新技术企业12家、区级研发机构2家，为辖区企业申报38项国家、市、区级科技项目。

大健康产业中枢——新虹桥国际医学中心

提质增容，充实村级资产。一是优化提升现存物业。对大整治后保留的村级物业，规范有序地开展二次改造，提升物业品质，增加物业量约 7 万平方米。二是促进私人物业回归集体。对于集体土地上原私人物业，有组织地收归集体。截至 2018 年，16 个村级集体经济经营性建筑面积约 81 万平方米，其中 20% 用于公共服务，其余 65 万平方米用于配套虹桥枢纽、国际会展、虹桥商务等现代商贸服务业，产业实现生态转型。虽然拆违时经济收入有所下降，但华漕镇迅速走出阵痛期，2019 年租金收入约 1.86 亿元，比“拆违”前增长了 31.36%。拆违前民房出租每间 500 ～ 600 元，如今虽然出租间数下降了 50%，但每间却有 1 500 ～ 2 000 元，租金翻了一番有余，村民得到明显的实惠。

三、经验启示

1. 党建引领做表率，刀刃向内勇担当。习近平总书记说，农村基层党组织是农村各个组织和各项工作的领导核心。生态文明助推乡村振兴，基层党组织至关重要。民房拆违难，党员干部带头先拆。时任许浦村村委会主任领着拆房队从自己家里开始砸下第一锤，把 450 平方米的出租房拆为平地。群众看党员，党员看干部。在党员干部们的底气、正气、勇气面前，多年的违建一排排地“倒”了下去，同时也打消了村民的观望、顾虑、抵触的情绪。如今村容村貌整洁，水质大为改善，群租房变成了“水景房”，村民们笑逐颜开。

2. 前瞻规划懂取舍，触底反弹迎新生。经过大整治，村集体可出租物业由 2015 年的约 120 万平方米下降到 65 万平方米，集体经济造血功能受到很大的冲击，村民的福利待遇也大幅下滑，老百姓抵触情绪蔓延。拆违势必带来阵痛，但环境修复和基础设施改善也使华漕经济迅速“反弹”，财政总收入连续 3 年保持两位数增长。此外，2019 年农用地平均单价较过去增长 58%，建设用地平均单价增长 4.25 倍，有证建筑物业租金单价增长了三成。镇村产业的升级改造，使集体发放给村民的福利也得到更好保障，2018 年各村为村民发放福利 1 亿多元。

3. 因地制宜谋发展，经济生态齐迈步。华漕的蝶变不仅是拆违后的新生，更是主动融入闵行、上海乃至长三角发展大局和大势的体现。华漕充分发挥现有的国际教育、国际医疗、国际社区的基础优势以及未来的国际电竞中心、演艺中心、商务中心的产业优势，因地制宜发展产业。优化生态规划，打造 40% 以上的蓝绿空间，加快“一带一网多点”① 规划落地，成为大虹桥商务片区重要的生态屏障与绿肺。生态环境的大翻身，奠定了华漕镇乡村振兴的“绿水青山”基础，也有力地助推了“金山银山”的打造，为走向国际化大都市近郊社会主义现代新农村迈出了坚实的步伐。

① “一带”即打造苏州河廊道生态空间带；“一网”即构建彩虹湖、滴翠湖、吴淞江交相辉映的生态景观河网；“多点”即合理布局多个 15 分钟口袋公园、社区公园、绿地广场等便民休闲点。

案例二

高淳特色引领绿色发展 生态文明助力乡村振兴

江苏省南京市高淳区

一、背景情况

南京市高淳区地处江苏省西南端，区域面积 802 平方公里，常住人口近 50 万，辖 1 个省级经济开发区（省级高新区）、1 个国际慢城管委会和 6 个街道、2 个镇。2019 年，全区实现地区生产总值可比价同比增长 7.2%；一般公共预算收入 34.5 亿元，同比增长 10.1%；社会消费品零售总额同比增长 7%；城镇居民人均可支配收入 57 865 元，增同比长 8.5%；农村居民人均可支配收入 27 527 元，同比增长 9.2%。

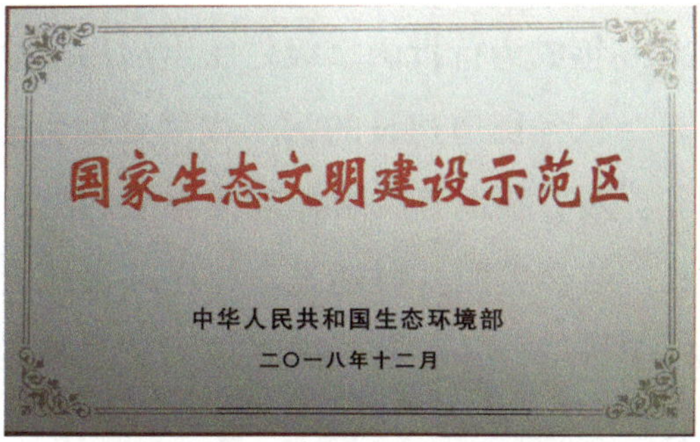

国家生态文明建设示范区授牌

高淳是“日出斗金、日落斗银”的鱼米之乡，全区地形为“两湖抱一城”“东山西圩区”，北环石臼湖，南拥固城湖，中部为主城区，东部为丘陵地区，西部为水网圩区，拥有“三山两水五分田”的黄金比例，生态涵养区占国土面积的 70%，地表水优于Ⅲ类水的比例达

75%。桠溪慢城为全国首个国际慢城、国际慢城联盟中国总部。固城湖为江苏省饮用水水质最好的天然湖泊，人均公共绿地面积达 41 平方米，位居江苏省前列。先后获得了国家园林城市、国家卫生城市、国家生态县、全国生态保护与建设示范区、全国休闲农业与美丽乡村示范区、国家生态文明建设示范区等生态名片。

二、主要做法和成效

（一）创新"去污"技术，加强污水处理管理

自 2010 年高淳成为全国首批农村环境连片整治示范区以来，从三年国家示范，到五年省级综合整治，再到区级全覆盖整治，高淳区自加压力，不断创新工作方法，精挑细选符合本地实际的治污技术，大力推进农村污水整治建设。

经过十年磨砺，高淳形成了以政府为统筹主体、镇政府为责任主体、村级组织为实施主体、农户为受益主体、第三方专业服务机构为服务主体的"五位一体"运维管理体系，引进优质单位负责村庄污水处理设施建设管理，对新建项目采用"EPC+ 委托运营"模式由第三方机构组织实施。针对高淳水网圩区众多、流沙型地质特点，总结出一套符合圩区污水处理设施建设的方法，取得明显成效。2015 年，全国农村环境连片整治工作现场会在高淳区召开，农村污水整治"高淳模式"受到原环保部和财政部的充分肯定。"五位一体"污水治理模式被住建部作为《县域统筹推进农村生活污水治理案例》重点推介，2016 年成为首批国家级村庄生活污水处理示范区。

在各街道建设的污水收集处理生态池，通过格栅、厌氧池、滴滤塔、人工湿地等层层处理使水质达标，净化后的水可直接用于农业灌溉。结合美丽乡村建设、村庄环境综合整治等项目共同实施，对相邻村庄尽量合并建设，同时使用成熟稳定、实用低耗的处理工艺，确保取得实效。

桠溪街道高村污水处理设施

东坝街道垄上村污水处理设施

为了更好地使各街道落实污水处理体系，每年高淳区在各镇街选取一个有代表性的村庄作为年度治理工程示范点，通过召开现场推进会，聚焦技术规范、安全警示、矛盾协调等内容，进行技术理论讲解和现场施工观摩。

截至 2019 年年底，全区已完成 826 个村庄的农村生活污水处理设施建设（775 座设施，86 个生态池），建成管网 1 825.5 公里，日处理污水能力 1.4 万吨，设施正常运行率 100%，规划布点村庄污水治理全覆盖，自然村污水收集覆盖率达 85%，覆盖农户约 9.8 万户。2020 年，高淳区迎来了农村生活污水治理的“收官”之战，将完成最后 127 个村庄的生活污水治理，成为南京市首个完成农村污水治理全覆盖的区县，进一步打造群众满意的农村生活污水治理的高淳特色模式。

（二）优化垃圾处理，改善农村人居环境

农村生活垃圾处理与农民生活息息相关，是建设宜居“美丽乡村”的重要内容，更是乡村振兴的重要一环。近年来高淳持续推进农村地区垃圾分类和厕所改造，逐步淘汰落后的机制，提档升级新设施，打造农村宜居环境。

2016—2019 年，政府在垃圾治理上总投资 4 800 多万元，在 8 个镇街新建了 12 座压缩垃圾中转站，配置 12 辆密闭运输车，停用了 14 座地埋集装箱式中转站和 16 辆不够密闭的运输车。同时，在农村配置 179 辆小型密闭自装卸垃圾收集车及 3.2 万个塑料垃圾桶。全区村

庄拆除或封闭 4 283 个原先设立的破旧垃圾房（箱），134 个行政村取消拖拉机敞开收集，采用桶与车对接自动吊装，机动（电动）收集、密闭运输，彻底解决原先生活垃圾滞留村庄时间长，容易滋生蚊蝇、产生污水痕迹的问题。2017 年 8 月，建成投运日处理 500 吨生活垃圾的焚烧发电厂，停用封场此前已使用 8 年多的生活垃圾卫生填埋场。焚烧发电厂的烟气排放达到国际先进标准——欧盟 2010 标准。

光大集团垃圾焚烧发电厂

砖墙镇港口村餐厨垃圾处理站

餐厨垃圾转运车辆

漆桥街道垃圾中转站

经过添置硬件设施与农村生活垃圾收运体系建设，目前逐步形成了“户分类（试点）、组保洁、村收集、镇转运、区处理”的运作模式。现已实现生活垃圾集中收运率和无害化处理率均为100%，正着力破解垃圾分类处理的困局，切实做好垃圾减量化和资源化。

（三）实施生态修复，构建人与自然生命共同体

高淳区东部属丘陵地区，非金属矿产资源较为丰富。20世纪六七十年代，东部固城街道花联、蒋山、禅林等地的矿石开采产业兴起，到1985年，全县有石材开采企业23家，主要生产石子、块石等。

靠山吃山虽然带来了可观的收入，但也付出了沉重的代价。开矿把整个山挖空了，面目全非，环境污染、水土流失严重，村民们的生产生活都受到影响。

随着经济社会的快速发展，传统的矿石开采已不符合高质量发展的要求。2004年，整顿采矿，全县57个宕口关闭47个，并严格控制固城湖周边宕口的生产规模、开采面积。2016年3月，高淳区关停了最后一座矿山——丁家山，这也是高淳最后一个开展复绿工程的宕口。

丁家山矿山治理对比

眼前的丁家山，草木苍翠，绿意盎然，山已不再是那座“山”

一座座矿山先后关停并进行了生态修复。以固城街道为例，10 个关停矿山整治面积共 2 300 余亩，新增农用地近 1 500 亩，置换出建设用地指标近 1 500 亩，既彻底解决了传统矿石开采业带来的环境污染问题，又有力地改善了山体生态环境，同时也为全区经济建设腾出了空间，向转型升级迈出了成功的第一步。

2012 年以来，高淳区投入大量资金，有计划地对全区废弃露采宕口进行了治理。截至 2019 年，高淳区 95% 以上的废弃露采宕口已完成治理，共投入治理资金 1.73 亿元，治理总面积达 176 万平方米。通过对废弃露采矿山地质环境的综合整治，彻底消除了治理区存在的崩塌、滑坡隐患；复垦出的农用地，改变了部分村民“无田无地，靠山吃山”的现状；结合城乡建设用地增减挂钩，置换出建设用地指标，形成了可观的经济价值；同时，改善了治理区及周边的生态环境，推动全区生态环境持续优化。

2019 年 5 月，《高淳区全域山水林田湖草系统保护与整治规划》完成报批稿上报，成为全国首个通过区级全域山水林田湖草生态系统整治保护规划的区县。2019 年 9 月，高淳成为江苏省山水林田湖草生态保护和修复省级试点地区之一，开展实施以固城湖退圩还湖、水阳江流域综合整治等重点项目为主的 15 个大项 21 个子项目，涵盖了区域山水林田湖草六个要素，总投资 20.91 亿元，2019 年 12 月退圩还湖工程正式开工。同时，全面推进美丽廊道、美丽河湖、美丽城区、美丽园区、美丽乡村、美丽家园、美丽绿道、美丽田园“八大美丽工程”以及全域大花园建设，先后创建省级特色田园乡村 6 个、市级田园综合体 1 个、市级以上美丽乡村 185 个，极大提升了居民的获得感和幸福感。

永胜圩有机螃蟹养殖基地

湖中有城，城中有湖

（四）产业转型发展，带动乡村生态旅游产业繁荣

随着生态文明理念深入人心，还有一批人转型成功，在打造特色民宿和旅游体验区的大环境下，彻底吃上了“生态饭”。

2000 年，家住固城街道的老何返乡创业，他根据本地的产业发展定位和市场对新型建材的需求，在丁家山脚下创办了一家碳酸钙企业。由于靠近矿山，原材料运输成本低，加之市场需求量大，老何不仅很快走上了致富之路，而且成了远近有名的致富“带头人”。在他的带领下，“靠山吃山”的富民红利进一步释放，许多人也尝到了在家门口致富的甜头。到 2010 年，固城街道已有 20 多家碳酸钙企业，产业带动力达到了“辉煌的顶点”。“那时候由于每天开矿，丁家山一带一直都尘土飞扬。”老何说，开矿致富的同时，他们也意识到这一产业带来了日益严重的环境污染。

党的十八大召开以后，生态文明理念深入人心，高淳开始关停固城街道的碳酸钙企业，此时的老何开始考虑转型，但对于如何转型，他犹豫过，彷徨过。经过一番深入思考，老何决定再次创业。2013 年，他瞅准乡村旅游这个新业态，成立了南京花联山庄生态农业开发有限公司，发展休闲农业。2015 年年初，固城街道 23 家碳酸钙企业全部关停到位，2016 年，区政府对最后一个关停的矿山——丁家山矿山进行了地质环境整治，固城街道片区环境得到了根本性改变和整体提升。也就是在这一年，老何转型成功，开始打造特色民宿和旅游体验区，进一步提升旅游服务功能，彻底吃上了“生态饭”。“良好的生态环境吸引来游客、留住了游客，我越来越感受到我的选择没有错！接下来我将继续做好花联山庄的相关配套，吸引更多游客来旅游，感受高淳的生态美。”

近年高淳不断加强精品民宿建设，提升服务品质，因村制宜建设一批山水风光型、生态田园型、古村保护型特色乡村，持续助推乡村旅游发展。另外，依托生态养殖，建成全国最大的螃蟹交易市场，市场覆盖全国 150 多个大中城市并直接出口香港等地，螃蟹产业已成为规模 38 亿多元、跨度 10 余行业、惠及 10 多万农民的“大产业”。通过推广科学养殖模式，“固城湖”品牌螃蟹品质、产量和效益逐年提升，在市场上获得了极高的认可度与美誉度，与“阳澄湖”大闸蟹呈“比翼双飞”架势。

游客餐桌上的固城湖螃蟹

淘宝高淳馆的工人在包扎螃蟹

在优良生态的有力支撑下，高淳乡村旅游业蓬勃成长、势头迅猛，发展成为年收入规模超 10 亿元的特色产业，先后创成了全国休闲农业与乡村旅游五星级示范园区、全国休闲农业与乡村旅游示范点等一批国字号农村旅游品牌。农民变身农家乐、农家客栈的老板，收入大幅度提高，平均每户农家乐年收入约 20 万元。

民宿

村庄俯瞰图

2019 年高淳区东坝街道三条垄田园慢村进入江苏省第一批次特色田园乡村名单，被正式命名为“江苏省特色田园乡村”。通过构建与开发相适、环境效益与经济效益同步提升的生态休闲经济发展格局，高淳的乡村旅游产业欣欣向荣，对当地经济的发展产生了积极、长效的影响，还将带动更多的村民走向致富的道路。2019 年，高淳实现旅游收入 142.6 亿元，同比增长 18%，累计接待游客超过 1 171 万人次，同比增长 9.3%。

三、经验启示

高淳区积极探索以“生态+”为主导的现代化产业体系，探索变“美丽资源”为“美丽经济”的“高淳路径”。在完善集装化农村生活垃圾收运体系、推进污水治理新模式来打造乡村振兴的“美丽”环境的同时，着力发展休闲农业和乡村旅游，在守护农村良好生态的前提下，带动地区经济发展，为乡村发展搭建良性循环道路。

东坝街道垄上村——江苏省特色田园乡村

稻香蟹肥、农产丰收，在持续改善农村生态、加强农村自然环境保护与修复的工作背景下，这里走出了一条具有高淳特色的乡村振兴、绿色崛起道路，在生态建设促进乡村振兴的路径上交出了一份满意的答卷。

案例三

营造良好生态环境
助推柚山乡村振兴

江苏省常州市金坛区儒林镇柚山村

一、背景情况

柚山村位于常州市金坛区东南部的儒林镇、长荡湖东侧、溧阳与金坛交汇处，南与溧阳市上黄镇隔河相望，是联系“金溧环湖”地区的扼喉之地，是长荡湖环湖发展带的重要引领区，也是湖东功能的核心承载区。村庄总面积 7.17 平方公里，常住人口约 3 200 人。

柚山村位于坦荡的冲积湖积平原区，是典型的水多地少临湖村，气候温和湿润，雨量充沛，日照充足，四季分明。区域内生态系统是一个包含了山体（大涪山）、林地、草地、农田、河流、湖泊（长荡湖）、湿地等诸多要素的陆地—水域生态系统，地表水系发达，河流纵横，是一个人工—自然复合系统，受人类活动影响较大。

柚山村现有耕地面积 1 200 亩，养殖水面 6 000 亩。近年来，大力发展特色农业，建成 2 个旅游观光水产品养殖基地。建好民生工程，建成污水处理池 4 处，全面推行居民无害化公厕，拓宽村主要干道，实施河道清淤。新建生态停车场 1 200 平方米和体育活动场地 2 块，建有 500 平方米以上村民活动广场 6 处。2019 年村集体经济收入 547.83 万元，村民人均可支配收入 3.48 万元，同比增长 25.9%、

25.2%。柚山村先后获得“全国文明村”“江苏省文明村”“江苏省社会主义新农村建设示范村”“江苏省民主法治示范村”等荣誉称号。

二、主要做法和成效

柚山村破除资源依赖定势，树立转型发展意识，围绕“一山一湖、一宕一寺”等生态资源，累计投入2.3亿元建设“诗意柚山、梦里水乡”美丽乡村，发展“美丽经济”，在乡村游中“游”出柚山振兴路。

（一）复绿留景，发挥工业遗址生态效应

1. 工业污染源就地生态改造。对村域范围内常州市金坛区华泰精密铸造有限公司、柚山建材有限公司两家污染型企业实施拆除关闭，并结合“建新绿”工程，全面开展生态修复工作，新增绿化面积近3万平方米。同时，在柚山建材原址上，以原工业厂房为设计元素，以工业流程的主要遗存和绿化空间为主题，将自然、文化、生活以及柚山记忆进行有机结合，将原水泥厂筒库改造成旋转咖啡屋，打造工业文化地标。

工业遗址改造

2. 修复宕口，恢复生态环境。利用原有采矿宕口，以提高植被覆盖率为目标，恢复宕口生态系统和景观风貌；同步实施游步道、隔离栅栏、休憩设施等建设工程，以山体岩石及矿坑水体为主要景观要素，建设宕口遗址公园。经过生态修复，恢复约 10 万平方米地质与植被，从根本上改善了村庄居民的生活质量，同时成为环长荡湖重要生态景观和休闲胜地，每月吸引各地游客万余人次，实现废弃矿山生态效益和经济效益双赢。

宕口遗址公园

3. 生态清淤，打造湖荡治理标杆。长荡湖周边城镇密集，长期以来污染物随入湖河流进入湖体，进一步造成内源污染。生态清淤是长荡湖水环境治理的重要任务，是减轻内源污染负荷的有效措施。近年来，通过实施长荡湖湖区生态清淤、排泥场防渗及水处理工程等，清淤面积达 12.71 平方公里，清淤土方量约 260 万立方米，有效减轻湖体内源污染，改善和修复湖泊及支流水生态环境，长荡湖水域生物多样性指数不断提高，实现河湖长治久清。

（二）多措并举，全面改善农村人居环境

1. 高标准完善环境基础设施。着力推进污水管网建设，助力生态宜居村庄建设。新建一处污水处理设施，规模 300 米^3/ 天，新增接管入口 211 户，有效削减污染物排放 COD1.79 吨 / 年、氨氮 0.2 吨 / 年，打造干净整洁有序的农村环境。

2. 打造美丽乡村路线。新建环湖路，优化村庄对外交通，打造极富特色的乡村旅游路线。同时实施新柚线改造，新建沥青道路，增加特色划线及卡通彩绘；两侧保留现状行道树，提升下层地被景观及蟹塘围网景观。在打通旅游交通的“最后一公里”的同时，满足游客出行多元化需求。

3. 乡村绿化美化。以村景绿化、游园绿化、庭院绿化为主，通过加厚绿带、乔灌混搭、见缝插绿、拆违补绿等方式，增加乡村生态绿量，提高区域绿化率。重点改造柚山港两侧堤埂绿化，千亩蟹塘景观堤埂以及村庄内部绿化，总体绿化改造面积 5 000 平方米。

绿意盎然

（三）“乡村旅游 +”，实现乡村振兴

1. 千亩蟹塘助力产业转型。围绕养殖基础产业，按照统一规划、统一设计、连片开发、整体推进的原则，建设 1 000 亩标准化养殖池塘，打造绿色、生态、可追溯的养殖模式。通过土地流转，形成规模化、产业化种养区域，推进河蟹产业发展，振兴乡村，不断提高农民收入水平。同时，配建 68 亩池塘生物进化系统工程，包括水生植物栽种 300 亩、除尘池 2 000 平方米、沉淀池 2 000 平方米、微生物处理池 3 000 平方米。综合运用物理、化学、生物等处理技术，对养殖尾水进行集中、分级净化处理，实现水体循环利用、达标排放，有效削减污染物排放 COD 2.98 吨 / 年、总氮 0.72 吨 / 年、总磷 0.11 吨 / 年。

2. 乡村旅游激发农村新动能。依托区域生态、资源特征，不断完善区域农村基础设施建设，整治村口区及游线两侧 12 000 平方米，整治柚山新河枕水区 30 000 平方米，并对徐家桥、游船码头实施改造；同时运用市场化模式开发建设民宿，改造村内旧宅，包括整治普门禅寺 2 750 平方米，整治外围沿线民宿 24 000 平方米，改造诗社 400 平方米，新建新时代文明实践站等，以民宿引导村民参与餐饮、住宿、商业等生产活动，自然风貌和人文景观相映成趣。围绕河蟹产业，将乡村旅游与产业形态塑造结合起来，大力推动传统农业向现代农业转变，实现柚山村第三产业“零”的突破。此外，建设科普教育基地，把乡村休闲生态旅游与环境保护宣传相结合，打造长荡湖湖东片区生态旅游核。

千亩蟹塘

枕水人家

（四）传承创新并重，强化体制机制建设

1. 积极对历史文化进行弘扬及传承。坚持以满足群众精神文化需求为出发点和落脚点，构建全方位、全覆盖、全参与的公共文化资源共享体系。建设田园诗社，提供《诗经》、国学、汉服、书法、游学体验；融合柚山村放灯节，开发乡村民俗非遗文化体验；通过图书室、健身室、老年活动中心等文化活动室为村民提供丰富多彩的文化服务，搭建重要的生态文化传播平台。

2. 盘活农村零星分散的存量建设用地。积极调整优化村庄用地布局，有效利用农村零星分散的存量建设用地以及预留部分规划建设用地指标，用于单独选址的农业设施和休闲旅游设施等建设，发展农村新产业。

3. 大力培育新型职业农民。柚山村把培育新型职业农民作为强化乡村振兴人才支撑的重要途径，根据乡村振兴对不同层次人才的需求，通过就地培养、吸引提升等方式，分层分类培育新型职业农民，每年开展新型职业农民技能提升培训100人次，打造了一支爱农业、懂技术、善经营的新型职业农民队伍。

4. 开创环保工作的新局面。加强长效管理的智慧化和数字化建设，将村一级网格化管理体系与环境治理、环境监管、长效管理等工作进行深度融合。不断强化生态环境监管员队伍，将生态保护的触角延伸到每个角落。同时，建立协商议事机制，构建起高效智能的基层生态发展机制。

三、经验启示

1. 在要素完备、特征鲜明的小流域生态系统内，打造修复典型。柚山村地处长三角中心地带，是我国首个现代化建设示范区——苏南地区的重要组成部分，肩负着率先实现社会主义现代化的重任。范围内山体、森林、河网、农田、湿地、湖泊等景观并存，具有鲜明的苏南地区资源禀赋特色。同时具备了经济活动发达地区人类活动影响下的自然资源演化结果，如水环境污染、土壤环境污染、水土流失、山体破损、湿地萎缩等。因此，柚山村推进生态修复，还原“绿水青山”，对苏南地区全面推进经济现代化、城乡现代化、社会现代化和生态文明、政治文明建设，实现“五位一体”总体布局和全面发展具有重要意义，并可为全国发达地区生态环境修复提供引领和示范。

2. 检验“绿水青山”向“金山银山”转化，实现乡村振兴“弯道超车”的具体实践。柚山村在发展历史上走的是典型的“靠山吃山”“靠水吃水”的资源依赖型发展道路，随着生态环境与资源约束趋紧，区域内采矿工业停滞，水产养殖整体经济发展动力不足，亟待转型升级。依托区域内山、水、林、田、湖等特有的“美丽资源”，盘活农村闲置民房、集体用房以及工厂遗迹等沉睡的“资产”，着力打造长三角首个以“工业遗迹 + 湖荡美食 + 乡村文化”为特色的示范基地，不断拓宽“绿水青山”向“金山银山”的转化通道，成为乡村振兴的新动能、优化经济的推动力。

案例四

聚焦生态融合发展
探索自营联营模式
多措并举助推基层乡村振兴

江苏省苏州市吴中区临湖镇灵湖村

一、背景情况

苏州市吴中区临湖镇灵湖村位于西太湖之畔，毗邻苏州太湖园博园，全村总面积 4.3 平方公里，现有 9 个自然村，共 25 个村民小组，总户数 897 户，户籍人口 3 574 人。全村“两委”班子 6 人，共有党员 147 名，下设四个党支部。2019 年村级稳定收入达 1 190 万元，农村年人均收入增长至 3.8 万元。

灵湖村是典型的江南乡村，小桥流水、粉墙黛瓦、风景宜人，自然资源优越、物产丰富。全区耕地面积 2 880 多亩，绿化面积 1 200 多亩，绿化覆盖率达 35% 以上，核心区域拥有 600 亩水稻综合功能示范区（其中稻虾结合共养 100 亩）。2017 年 10 月，灵湖村黄墅自然村成功入选“江苏省首批特色田园乡村建设试点单位”，历经两年时间的改造建设，2019 年 10 月 17 日，黄墅村成功通过省专家组现场验收。灵湖村还先后获得了“2018 年中国美丽休闲乡村”“全国森林康养基地试点建设单位”“2018 年度全国防灾减灾综合示范社区”等国家级殊荣。

灵湖村黄墅自然村

二、主要做法和成效

党的十八大以来，灵湖村始终抓牢农村环境整治、美丽乡村建设、造血项目导入等重点工作不放手，全力秉承“绿水青山就是金山银山”发展理念，对全村实施综合性整治提升，成功打造为富有江南水乡气质和人文底蕴的田园乡村典范。

（一）基础建设强配套

以实施美丽乡村建设为契机，推进农村基础设施建设，实施农村照明系统、生活垃圾资源化处理站等基础设施提升改造，完善停车场、小游园、农家书屋、健身步道、防火栈道等便民利民公益配套设施，推进绿化景观提升工程，强化农村人居环境整治效果，基本实现“村庄绿化，道路硬化，路灯亮化，河道洁化，家园美化，环境优化”的目标，村庄面貌焕然一新。

（二）保护生态亮底色

以开展农村环境连片整治工作为契机，实施生态环境提升工程，完成雨污水管网改造，实现农村生活污水接管全覆盖，开展河道清淤整治和生态驳岸修复5.6公里，彻底解决断头浜、水系不通等问题，全村河道水质优良，无劣V类水体。全面实现化肥、农药减量化使用，对收割完的秸秆打碎后利用EM菌发酵成有机肥，实现生态循环种植，农村生态环境及村民生活品质得到大幅度提升。

（三）产业导入促发展

近年来，灵湖村通过全力打造乡村优质产业链条，促进特色休闲农业和乡村旅游业健康发展，形成项目抱团优势及配套产业集群。一是通过高标准农田改造建设后，实现水稻生产的标准化与现代化，对300亩传统农田进行改造升级，开展沟渠、道路、灌溉站等农业基础配套设施建设，通过开展休耕提升地力水平，实施“藏粮于地”、轮作换茬等现代科学种植方式，灵湖村逐步成功打造成了集中连片优质水稻生产示范基地，其中稻虾结合共养100亩，实现一田双收，同步注册“乡下米道”“虾稻有机米”村级稻米品牌，以优良的品质、香糯的口感赢得本地及周边城乡居民的认可。二是充分挖掘乡土人文优势，进行整体规划，就地取材，修旧如旧，文创提升，充分利用依畔园博园的优势，发展度假、休闲、民宿产业。截至2019年5月，灵湖村当前休闲农业和乡村旅游经营主体有：玖树·森林的秘密、呼吸森林咖啡馆、右见·光荫里民宿、盈心阁民宿、里尺源文化交流中心、萬源坊·渡村烧酒酒展馆、村边茶餐饮、半日闲休闲茶吧、苏州欢乐岛游乐园、沐春园、天后宫、匠心学社、儿童之家、画家写意工作室、里尺古桥、湖光山色·水泽堂、齐云楼、十亩小院、临湖农业产业创意馆等。各项目整体运营良好，2018年旅游板块整体收入达到350万元，2019年度全村旅游板块收入达420万元，继续保持增长态势，年增长率达20%。

（四）创新机制惠民生

积极创新体制机制。一是提供就业岗位，承包环境整治、物业管理外包服务。灵湖村同周边区域的前塘村、采莲村联合成立“众村集团”，下辖8个村集体公司，依托村庄实际建设需求，分别提供保安、绿化养护、道路清扫、河道保洁员等工作岗位，借势解决辖内部分五六十岁中年人的就业难问题，保障村民的稳定工作收入，村民参与农村人居环境整治的热情也日渐提高，为打造“结庐人境、精致临湖”新名片添砖助力。二是充分研究讨论，拓宽议事渠道，探索双网融合机制。“基层乡村振兴，治理有效是基础”，面对现实，大胆创新，灵湖村坚持以党建为引领，围绕村民主体，发挥议事功能，坚持民主原则，划分区域网格2个，建立党务村务工作站4个，结合“支部建在网格上”，积极探索农村综合治理“双网融合”新机制；因地制宜设立10～20人不等的村民议事组11个，有效探索“333”村民自治、“邻长制”乡村治理新路径。通过村民议事制度，实现法治、德治、自治有机融合，极大调动村民参与农村发展、人居环境整治的热情，极大地提升村民群众共享农村发展成果的获得感，增强村民对于农村综合治理的认同感，推动乡村有效治理再上新台阶。

三、经验启示

近年来，灵湖村不断深入贯彻习近平总书记系列重要讲话精神，积极实践“绿水青山就是金山银山”理念，精准定位，依靠自然资源支撑，挖掘生态资源禀赋，化“生态保护红线”为“生态经济动力”，切实将乡村产业布局及导入方向由“生产导向”向“消费导向”转变，充分把产业链、价值链等现代产业组织方式引入农村基层，大力开发农文旅融合新型产业项目，依托临湖镇“三优三保、精致临湖”的发展理念，先后通过探索多规融合、盘活闲置房屋、整合社会资本、搭建新型平台、挖掘匠心精神等五大抓手，努力打造“美丽灵湖、幸福灵湖、人居灵湖、富裕灵湖”。其中，可复制的经验主要有七条。

1. 开展农村环境综合整治，完善长效管理机制。实施村级河道清淤改造，实现农村生活污水治理全覆盖，种植环太湖生态防护林，采用生态循环种植方式和合理配置村户禽畜养殖，有效控制面源污染；引入有机垃圾循环处置设备，做到餐厨垃圾收运—处置—捂肥循环利用；实行卫生评比奖优罚劣机制，落实“增绿护绿”全员实名制，组建队伍开展长效管护，提升村民的幸福感、安全感。

2. 成立村级经济合作社，壮大发展集体经济，挖掘沉睡资源，整合闲置资源，收购优质工业厂房、工业用地，逐步打造成能造血、能富民的优质村级产业。

3. 项目产业运营方式以自主经营为主、社会资本联营为辅，规避各类财务风险及合同纠纷，解决外包运营村级项目收租难、收租慢等难题。

4. 适当延长村自营项目营业时间，发展夜间经济，新增夜间旅游项目，通过播放夜间露天电影、组织夜间乐队驻唱、开设夜间跳蚤市场等方式，拓展游客消费链条，有效延长游客消费时长，探索乡村旅游“夜”模式。

5. 创新土地流转方式，通过成立村级合作社，按主房 150 元 / 米^2、附房 120 元 / 米^2 的价格租赁村民闲置房屋，意愿出租的村民每年能够拿到 4 万～ 5 万元的租赁房租。

6. 提供免费的农技、旅游相关方面技能培训，帮助村民再就业，带动村民参与村级旅游事业。

7. 为自主创业主体提供电商销售平台相关技术服务，以村级组织、免费自愿加入为主导，形成抱团经营、互动联动的线上销售平台，逐步打开本土民宿、餐饮、农特产品等电商渠道。

案例五

聚焦“绿水青山”向“金山银山”转化　实施乡村振兴

浙江省湖州市安吉县鲁家村

一、背景情况

鲁家村位于安吉县城东北部，全村总面积 16.7 平方公里，地形以山地丘陵为主，现有人口 2 200 人。鲁家村先天并不拥有清丽秀美的环境基础，也无深厚的文化积淀，更没有产业基础和经济基础，近些年，得益于积极践行“绿水青山就是金山银山”理念，依托美丽乡村建设，通过“美丽环境变资源、资源变资产、农民变股民”方式，完成外债百万元到资产过亿元的“逆袭”，将这个位于浙江北部山区曾经的经济薄弱村转变成为开门就是花园，全村都是景区，农村、农民、农场三农共富的美丽乡村新样板。

2011 年，鲁家村启动美丽乡村建设，经过几年的发展建设，基本完成“一湖三中心”（即鲁家湖、游客集散中心、文化中心、体育中心）基础建设；实施了村庄美化、道路硬化、庭院绿化、村组亮化、水源净化等“五化”工程；建成了村幼儿园、老年活动中心、标准篮球场、门球场、文化舞台等一大批公共基础设施。2015 年，村里建起了 30 公里绿道和 4.5 公里的绕村铁轨，这辆名为“阿鲁阿家号”的小火车鸣笛起航串起了鲁家的 18 个农场，也串起了鲁家村村民们脱贫致富的心。鲁家村以“公司＋村＋家庭农场”的模式，启动了全国首个家庭农场集聚区和示范区建设。2017 年 7 月，“田园鲁家”入选首批国家级田园综合体试点，2019 年 2 月入选全国首批农村发展产业融合示范园试点，荣膺“中国十佳小康村”“全国乡村振兴示范村”。

“阿鲁阿家号”观光小火车

注：一辆名为“阿鲁阿家号”的观光小火车，串起了 18 个各具特色的家庭农场，也串起了鲁家村村民们脱贫致富的心。

二、主要做法和成效

（一）主要做法

1. 以环境改善为抓手，从田园迈向花园。鲁家村实现贫困村逆袭首先得益于鲁家村多年来环境改善的红利释放。坚持以人民为中心的环境整治出发点和落脚点，从群众最关心的生活污水、垃圾分类、卫生改厕等入手，通过完善基础设施、公共服务、生活污水纳管治理，群众房屋立面和庭院改造，实施“五线下地”工程等，不仅增强了生活的便利性，更是让整个村子由内到外干净整洁。坚持以产业为导向的环境改善思路，坚持“环境造就产业”发展思路，不为单纯改善环境而改善，而是在不断谋求产业发展的过程中持续推进人居环境改善，不断寻求产业发展和人居环境改善的高度契合。鲁家村按照村庄原有的脉络进行梳理设计，不是城市化的照搬照抄，而是用活村内的旧屋、河道、果林、菜园等素材，将村庄环境改善与运营有机结合，让美丽乡村产生美丽经济。坚持以景区化打造为目标的人居改善建设，通过邀请高端专业团队做好顶层设计，把鲁家村按照4A级旅游景区来规划，突出“村在景中、景在村中”，对村庄节点布置、景观小品设置、空间布局等景观打造从美学的角度对环境改善进行把关，为该村发展休闲经济打下了扎实基础。

美丽乡村创建前后对比

2. 以乡村经营为手段，促进产业融合发展。在鲁家村，一产、二产、三产进行共融，生活、生产、生态产生粘连，资源、资本、资产良性互动，激活土地的潜力，让绿水青山渐渐转化成金山银山。利用优势位置发展农场经济，鲁家村依靠比较好的低丘缓坡优势，部分村民办起了养鸡场、蔬菜种植场、茶园等家庭农场，为鲁家村后来发展家庭农场奠定了产业基础。强化招商引资助推农旅融合发展，2015 年 1 月启动招商，截至 2019 年，18 家农场全部落地，共引入市场资本 3 亿元以上。通过招商，“岭上家园”“云上乐园”“溪上田园”等系列“农业 +”的特色休闲度假项目也纷纷破土而出，进一步助推农旅融合发展。差异化经营定内容，围绕家庭农场发展的承载量和生态有机的发展方向，在综合考虑了当地特色、业态需求等要素后，确立了 18 个特色鲜明的主题家庭农场，如花海农场、中药农场、高山牧场等，确保整个园区产业分布科学、业态完整，农场间优势互补，共同发展。

18 个农场之盈元农场和万竹农场

3. 以模式创新为突破口，推进共建共享。鲁家村在无资源优势的情况下，以新机制、新模式、新主体带动新业态，构建了“公司 + 村 + 家庭农场”共建共赢的经营模式，将美丽环境转变为美丽经济的资本。2015 年 1 月，鲁家村股份经济合作社建立了安吉乡土农业发展有限公司，注册资本 3 000 万元，村里将上级部门项目投资和美丽乡村建设补助资金全部转化为资本，持有乡土公司部分股份，其余股份寻求实力雄厚的旅游经营公司合作。将农民变成股民，通过“公司制”运作，由村统一向村民流转土地，整理后招引农场入驻，公司投资公共设施，并负责具体运营，农场自主建设。农民的腰包在这种模式下迅速鼓起来，2014 年村民持股每股价值 375 元，到 2019 年村民持股每股价值 2.9 万元，增值近 77 倍。随着景区不断成熟，游客增多，村民持股将不断增值。村民收入来源除村集体经济分红外，农户土地流转租金每年每户约 8 500 元。实行统分结合，进一步理清村集体和村民、工商资本和农户共建共享关系，村集体通过将财政项目资金转化为股本金，实行“统分结合，双层经营”，保证鲁家品牌统一性和市场经营的灵活性，最终实现了资源的有效整合。

旅游集散中心

（二）取得的成效

1. 打造了生态环境高颜值。鲁家村于 2011 年启动美丽乡村建设工程，通过实施村庄美化、道路硬化、庭院绿化、村组亮化、水源净化“五化”工程以及立面改造工程、纳污管网建设等，对 13 个自然村、16 个村民小组进行了“颜值”提升。今天的鲁家村，田野阡陌间，处处生机勃勃，处处绿意盎然。置身其间，花红柳绿，蝶舞蜂飞，燕语莺啼，鲁家村借最美乡村建设之笔绘就了一幅风光旖旎的画卷。

2. 开创了三农共富新局面。鲁家“公司 + 村 + 家庭农场”模式彻底打破了以往美丽乡村建设负债经营的根本性局面，从 2011 年开始美丽乡村建设，经过几年快速发展，村级集体经济收入从 2011 年的 1.8 万元增长到 2019 年的 565 万元，村集体资产从不足 30 万元发展到 2.9 亿元左右。鲁家传统农业通过农场模式实现了产业提升，18 个家庭农场已完成投资 3 亿元，野山茶农场、鲜花农场、蔬菜农场、万竹农场等实现了种养殖和观光农业结合提升。农民人均年收入从 2011 年的 14 719 元增加到 2019 年的 42 710 元。

游客民俗文化体验——抬花轿

3. 丰富了美丽乡村文明内涵。鲁家村通过发展改变了村貌，从一个贫穷的小山村发展成如今大变样的社会主义新农村，同时也通过发展提升了村民素质，村风民风积极向上、健康和谐，真正提升了内涵美，实现了物质文明和精神文明双丰收。如今的鲁家，绿水青山，游客如织，人人遵守村规民约，不文明行为基本禁绝，村舞蹈队、篮球队、越剧队组相继成立，红妆文化发展壮大，生态建设和文化建设齐头并进，践行了“绿水青山就是金山银山”理念。

三、经验启示

1. “三农”共进，全面小康一个都不能少。鲁家的创新模式是在农村、农场、农民高度融合之中实现农村振兴、农业提升、农民富裕，无形之中“三农”问题迎刃而解，这也是全面小康的基本要求。农村的建设重点是解决美丽乡村建设向经营转变这一艰难过程中可能遇到的系列问题。农场的建设把传统农业与现代、高效、生态、休闲农业相结合，重点迎合未来农业发展形势需求。农民的发展重点在培育新型农民，即职业农民、农民企业家，综合技能领先于传统农民，收入远高于传统农民。

2. 乡村振兴，核心在于一个敢想敢做的村班子。就像地方发展离不开当地政府一样，乡村振兴一样离不开村班子，这是属于中国的发展规律。一个敢想敢做的村班子，在凝聚人心、推动发展上可以发挥的作用无可限量。回顾鲁家村的历史，没人会想到今天会有这样一支团结实干、创新有为的村班子，会为这个贫困村带来如此翻天覆地的变化，让这个连安吉人都不太了解的村子，成为全国关注的新焦点。

3. 大势所趋，推进农业供给侧结构性改革。2017 年中央 1 号文件提出，推动产业融合发展成为农民增收的重要支撑，是当前解决我国“三农”难题的核心。安吉鲁家村发展家庭农场的思路与之完全契合，鲁家村引入了中药农场、鲜花农场、蔬菜农场等项目，将一定领域的产业集中，改变了以往小农分散经营的格局，实现了多种类型新型农业的规模发展，从根本上可以提高农业发展的质量和效益。农业供给侧的结构性改革，为适应未来农业发展市场需求变化打下了基础。

案例六

松阳传统村落走出古村振兴新路径

浙江省丽水市松阳县

一、背景情况

松阳县地处浙江省西南山区、瓯江上游，是国家级生态示范区。建县于东汉建安四年(公元199年)，是浙江省历史文化名城。松阳山川秀美、生态良好，农耕经济发达，乡风民风淳朴，早在唐宋时期就有“桃花源”的美誉。境内至今保有100多座格局完整的传统村落，有75个村列入中国传统村落名录，数量位居全国第五、浙江之首，被《中国国家地理》杂志誉为“最后的江南秘境”。

近年来，松阳县积极探索加强传统村落保护和发展工作，初步走出了一条可复制、可推广的中国传统村落活态保护之路。松阳县是“中国传统村落保护发展示范县”“传统村落保护利用试验区”，全国唯一一个“拯救老屋行动”项目整县推进试点县。松阳坚持秉承“绿水青山就是金山银山”的理念，生态环境持续向优。2019年地表水达标率100%，出境断面水质保持Ⅱ类水标准，Ⅰ类水天数占比提高13.1%。空气质量创下近年最优纪录，2019年空气质量优良率达99.5%，同比提高1.7个百分点，$PM_{2.5}$均值降至26微克/米^3，获“中国天然氧吧”称号。松阳县依托“互联网+”开启民宿经济“云上淘金”

松阳县三都乡杨家堂村国家级传统村落

模式，引导农民创业增收，开创松阳特色的“民宿经济”，探索出以“全域旅游”带动全域乡村振兴的路径。

二、主要做法和成效

（一）主要做法

1. 保活生态，科学保护与生态利用并行。一是结合美丽松阳、“六边三化三美”“五水共治”“三改一拆”等工作，集中力量对民宿重点区域、精品线、重点村开展环境整治提升。同时，强化生态系统修复，对生态湿地、古树名木、河道水系等进行保护和提升。引导农民调整农作物种植结构，美化农田生态景观。不轻易推山、填塘、改河道、硬化里弄及粉刷墙体。累计对全县 1 085 幢传统建筑实现挂牌保护，200 多座宗祠、20 多座古廊桥、60 多公里古道进行科学修缮保护。二是整县推进“拯救老屋行动”，维持古村落完整风貌。投入资金 4 000 万元，对 16 个乡镇（街道）35 个村建筑面积达 96 000 多平方米的 142 幢老屋进行修缮。

2. 铸就品质，政府主导与社会参与并行。一是专家指导，加强科学规划。吸引国内外知名团队参与农家乐和乡村民宿规划建设，与中央美术学院等团队开展紧密合作。如四都乡平田村 26 幢民居由美国哈佛设计研究学院等团队联合设计施工。成立传统村落保护利用专家委员会，编制《历史文化村落建筑修缮修复技术导则》《古村落保护修缮预算定额》等手册，制定发布全国首个《乡村景区无障碍建设导则》地方标准、全省首个《传统村落保护建设规范》，并建立传统村落数据库和传统建筑工匠名录。二是宽严并举，加速市场运作。严遴选，宽引资。坚持“招商选资，一票否决”，严格参照综合实力、文化知觉等各方因素，选进一批社会优秀人才和优质工商资本。推进旅游项目投资市场化改革，不断完善鼓励民间资本投资民宿开发的奖励政策。引进华清集团等专业化团队和本土企业参与。

松阳县大东坝镇茶排村契约博物馆

3. 精准布局，示范带动与全面推进并行。一是打造“生态（乡村）博物馆”。依托县域生态环境，结合乡土文化和特色民俗发展文化民宿。按照“县级中心馆—乡镇（街道）主题馆—村级展示馆”三级网络架构，建设中心馆 1 个、专题馆 27 个，打造了一系列小而精、小而美、小而特的文化空间、生产空间，创造了主客共享的新型乡村公共空间。白老酒工坊、豆腐工坊、兴村红糖工坊等工坊的建设，改变了传统手工小作坊脏乱差、低小散的格局。“农耕展陈馆 + 民宿”“契约博物馆 + 民宿”等系列乡土文化融入民宿，集文化体验、民宿经济等为一体，壮大了村集体经济，助农富农。二是开拓优化“乡村民宿特色村”。发展乡村文化民宿，坚持“田园风光 + 传统村落 + 文化民宿”相结合，先后建成一批“画家村”“摄影村”“土家文化村”“红色旅游村”，每年吸引艺术家和大中专院校学生达 20 万人次。依托全县百余个古村落资源优势，挖掘三都乡杨家堂村的耕读文化、竹源乡小竹溪村的摆祭文化、板桥乡的畲族文化、大东坝镇的客家文化等，发展一批特色主题民宿。三是宏观整合，发展“乡村全域旅线”。秉承“全域化、生态化、民生化”理念，加大区域化旅游景区建设。建成长 60 余公里的松阴溪骑行绿道，途经 7 个自然景区、5 个沿溪水景、5 个松古平原水利工程，沿岸村庄得到更多的修缮与活态保护，辐射更多文旅、农旅景点。打造艺术创作胜地，推进四都乡“摄影写生线”建设。

松阳县樟溪乡兴村红糖工坊

4. 谋远规划，“互联网 +”战略与美丽乡村建设并行。一是集聚资源，谋划发展格局。创办发展论坛，汇集行业前沿理念。“互联网 + 美丽乡村”发展论坛得到国家发展和改革委员会“互联网 + 行动计划”专家咨询委员会的充分肯定，近两年参加该论坛的专家学者和电商代表达 500 余人。创立电商基地，推进县域经济结构转型。揭牌成立田园松阳电子商务研究院和动态商学院松阳分院，并与上海财经大学、中国互联网新闻信息管理人才培养基地管委会开展“产学研”全方位发展的战略合作。二是电商融合，挖掘美丽经济。依托民宿主平台，推广旅游地商品。通过创意包装和创意营销提高农产品附加值，向旅游地商品转化。截至 2019 年，全县农产品旅游地商品购物点达 29 个、产品 83 个；实现年销售额 15.09 亿元，较上年增长 61.42%。创建网络副平台，优化线上“云”服务。搭建松阳全域旅游服务平台等云上平台，推动民宿线上线下、城乡资源的整合，线上打造“游多多客栈”“移动掌上农家乐”APP 等。三是明确目标，谋划全域经济。创成“浙江省首批全域旅游示范县”，云上平田创成“中国乡村旅游创客示范基地”，过云山居、茑舍、云端觅境、卓庐若家等高端精品民宿建成营业。四是推进“区域旅游 + 民宿”。实施“传统村落 + 乡村民宿”发展战略，重点推进四都区块、三都区块、竹源区块和大木山区块等“四大区域”民宿建设，因地制宜打造民宿特色村、农家乐特色村。如四都乡榔树村的“民宿综合体”项目，集主题民宿、文化创意、生态农业等功能为一体，总面积为 18 116.7 平方米。

松阳县竹源乡小竹溪村非物质文化遗产：摆祭

（二）主要成效

截至2019年，松阳农村居民人均可支配收入达19 371元，较上年增长10.4%。低收入农户收入增长13.9%，扶贫工作获浙江省政府表彰激励。全县有省市级特色村8个、“丽水山居”精品民宿示范项目11个、市级美丽经济农家乐民宿产业集聚带1条，共有民宿（农家乐）526家、床位5 081张，培育四星级农家乐民宿6家、五星级1家，旅客接待人数、营业收入分别增长15.2%、21%。全县民宿直接从业人员1 800余人，带动群众近6 000人。以民宿为核心，拉长产业链条，实行“民宿+”战略，通过植入生态农业、乡村旅游、文化创意、红绿结合等新型业态，推动一二三产融合发展，实现农民多元化增收。

1.“生态农业+民宿”方面。强化民宿作为农旅融合的引领者、优质农产品的销售者和当地文化展示窗口的定位，以民宿为载体，加快将农产品转化为旅游地商品，促进当地农产品销售，提高经济附加值。推进“丽水山耕”品牌共建，截至2019年，已提升“丽水山耕”背书产品18个、“丽水山耕”合作主体10家，新建“600”基地5.3万亩，“丽水山耕”农产品销售额达8.7亿元。如叶村乡南岱村（岱头村自然村）150亩高山原生态优质水稻基地，开办农家乐民宿3家，实现从传统种植业到卖风景、卖生态米的转型；枫坪乡沿坑岭头村依托“柿子红了”民宿，带动村里香菇、金枣柿、辣椒、大红袍赤豆等土特产销售，原本无人问津的金枣柿卖出了每公斤100元的高价。

2.“乡村旅游+民宿”方面。将民宿主动融入乡村旅游的发展大势，把民宿作为无景点度假旅游的重要载体，精准定位艺术创作、休闲度假、运动健身、养生养老等小众化细分市场，推出了8条艺术创作线路，建成一批“民宿村”“画家村”“摄影村”“户外运动休闲村”。如枫坪乡沿坑岭头村依托良好的生态环境、优美的自然风光、独特的人文底蕴，全力推进“画家村”建设。全村已发展特色民宿16家，拥有床位243个，年接待写生创作师生和游客2万余人次，直接经营收入达90余万元。

3.“乡村文化 + 民宿”方面。注重提升民宿的特色和内涵，让游客有故事听、有事情做、有活动体验，促进当地的历史人文、自然景观和生态特色的融合。积极搭建游学讲学平台，在“茑舍”开设独山讲堂，与“云上平田”合作开办隐墅学院，邀请知名专家学者讲学，吸引了大批游学团队。开发文创产品，在“云上平田”设立云缬坊，推出扎染、蜡染等体验活动；“醴泉农家乐”推出制茶、茶酒、茶饼挂件等体验活动，并举办茶艺师、评茶师等培训；建设完成契约博物馆、红糖工坊等一批示范性全县域生态博物馆。完善“乡乡有节庆、月月有活动”民俗节会展演机制，统筹举办田园文化旅游季、农民文化节和乡村系列民俗节会，形成“永不落幕的民俗节”格局，复活了“竹溪摆祭”“平卿成人礼”等民俗节会60余台，进一步推动民俗节庆与文化旅游的深度融合。

松阳县叶村乡岱头村国家级传统村落

三、经验启示

通过“古村 + 民宿”的探索和实践，我们得到以下几点启示。

1. 优化资源配置是关键。实现古村生态产品价值从本质而言，是市场经济在农村区域内的发展，最终还是市场行为，关键在于生产要素的活化、流动和分配。对于农村发展而言，最重要的资源是土地和劳动力，最短缺的资源是资本和技术。在现有制度框架下，只有土地能流转起来，集中到生产效率更高的经济部门，劳动力才能按专业化程度与附加值的匹配更高效地转移到农业生产的各个环节，资本才能按固定资产投资回报率的考量更精准地下沉到农村市场的各个领域，最终在土地、劳动力、资本三要素互动的基础上实现技术力量的引入。

2. 夯实平台建设是基础。农村与城镇相比，位置偏远，人口分散，行政、经济、文化、教育、医疗等方面较为薄弱，在资源集聚方面天然带有劣势，因此政府更应该弥补短板，重点打造三个平台：一是基础设施平台，主要是道路、民生设施、通信网络、农业生产设施等，满足农业发展基本需求；二是资源整合平台，梳理相关项目，借助互联网、物联网，构建畅通渠道，实现资本、技术、人才的对接；三是社会管理平台，提高综治工作、市场监督、综合执法、便民服务的行政效率，简化办事流程，构建现代化社会治理体系，更好地服务农民和市场主体。

3. 保障持续动力是核心。实现古村生态产品价值应是以农民为主体，以市场为导向，充分激发农村发展活力，政府只是在政策方针上加以引导，提供相应社会服务，绝非大包大揽，以“输血”替代“造血”。保障持续发展动力，充分激发农民自主性，妥善处理好各方利益分配关系，实现合作共赢，成果共享；在保护与发展中，保障农民基本权益，维护社会公平正义；树立可持续发展理念，发展环境友好、资源集约的生态经济，实现经济、社会、生态效益的有机统一。

案例七

强化环境整治　助推乡村振兴

安徽省马鞍山市当涂县护河镇兴禾村

一、背景情况

兴禾村位于当涂县护河镇中南部，东与清潭村接壤，南与石桥镇相邻，西与青山村相伴，北与护河村、幸福村毗邻。全村总面积15平方公里，下辖47个村民组，37个自然村，现有人口5 438人，耕地面积9 738亩，水面面积2 238余亩。兴禾村农民人均年收入2.3万元，集体经济主要来源于北圩丹阳湖集体土地发包，年收入达到80万元。兴禾村是个鱼米之乡，水资源相当丰富，贯穿环绕整个村落。除了水资源丰富，兴禾村特色农产品丰富，“太平牌”土鸡、荷叶茶加工、蜂蜜的提取与酿造以及深加工等特色农产品远近闻名。该村文化内涵同样丰富，古有南北朝昭明太子来千年古刹西讲院设讲堂讲经，今有抗日英雄曹兴与夏禾美丽感人的爱情故事。兴禾村先后荣获市级卫生村、市级生态村、省级生态村、省级卫生村、省级美丽乡村重点示范村等一系列殊荣。

花海

2015 年 10 月 30 日，马鞍山市金色田园农业开发有限公司在省级美丽乡村兴禾中心村正式成立，公司依托大青山旅游区的影响力，结合大公圩自然资源，通过三期规划不断完善产业园的核心产业、支持产业、配套产业、衍生产业，打造集循环农业、现代农业、农耕文化、旅游度假、休闲观光为一体的田园综合体。公司先后取得国家 3A 级景区、农业部水产健康养殖示范场、五星级农家乐餐厅、省级休闲农业与乡村旅游示范点、省级休闲渔业示范基地、市级龙头企业、市级田园综合体等各行业的荣誉。

休闲草坪

二、主要做法和成效

（一）坚持人居环境整治提升，打造水清岸绿生态新福地

1. 抓好农村生活垃圾治理。依托城乡环卫一体化，建立“户集中、村收集、镇转运”体系。按照人口分布，合理安排保洁员，设置垃圾桶。加强日常管理，做到垃圾日产日清。建设垃圾分类亭，实行垃圾分类

处理。积极发动村民组长、党小组长开展“随手拍”，及时发现问题，督促保洁公司整改。2019 年以来共清理垃圾 85.6 吨，无害化处理率 100%。

2. 抓好沟塘清淤活水。结合沟塘清淤活水“双千工程”“冬季行动”等项目，组织清理周边村庄陈年垃圾、打捞沟塘漂浮物，通过将塘水抽干、清除淤泥、种植水草、放养螺蛳、定期消毒等各种方式，有效改善兴禾村水系水质，实现了农业景观化、村庄景区化。2019 年完成沟塘清淤 8 处。

沟塘清淤前

沟塘清淤后

整治前

整治后

3. 抓好污水治理。完善乡镇污水管网设施，做到污水应收尽收，截至 2019 年，全村建设了 1 个污水处理站。积极推进农村户厕改造工作，累计完成改厕 800 余户。

4. 抓好治脏治乱。以“五清一改”村庄清洁行动为抓手，积极开展乱搭乱建、乱堆乱放等清理工作。结合新时代文明实践活动，积极发动群众开展自家房前屋后环境整治，清理乱搭乱建 32 处、乱堆乱放 214 处、牛皮癣小广告 47 处，营造干净整洁卫生的农村人居环境。

（二）坚持基础设施提档升级，打造宜居宜业美丽新家园

1. 大力实施道路硬化工程。推进乡村道路基础设施建设，通过“四好农村路”扩面延伸工程、“一事一议”等项目，2019 年建设农村道路 4.8 公里。在规划建设中，广泛听取村民意见，结合田园综合体产业规划，把交通大动脉打造成文旅大道、景观大道、产业大道、致富大道。同时，按照农村像农村的要求，不搞城市化水泥化，不搞大拆大建，不搞千篇一律，保留乡村风貌，留住山水特色，留存乡愁记忆。

2. 大力实施村庄绿化工程。兴禾村坚持强化存量树木、草地管护，持续强化网格化管理，明确责任主体，落实管护责任。对古树名木、风水林、珍贵树种等进行挂牌保护。对濒危和长势衰弱的古树名木，及时开展抢救复壮工作。依托田园综合体的专业设计规划，依托地形地貌，将农田、果园、山地、树林、草原、湿地等特色景观连成一体，构建布局合理、配套完善、人文丰富、景观多样的乡村绿道网。同时，全村深入开展“最美庭院”活动，见缝插绿，建设了一批供村民、游客休闲娱乐的小微绿化公园、公共绿地。2019 年植树造林 45 亩。

沟塘景色

荷叶塘

3. 大力实施路灯亮化工程。推动路灯等亮化工程向村组主干道延伸，在村内活动广场等公共场所增设路灯，方便村民夜间出行，2019年新增路灯 240 盏。在推进乡村亮化工程等基础设施建设方面，当涂县探索对企业和工商资本进驻乡村所涉及的项目用地在指标上适当倾斜，优先保障金色田园等农业产业化龙头企业、现代高效农业、田园综合体、乡村旅游、基础设施发展，持续抓好投资带动就业，就业促进村集体经济发展，经济发展带动亮化工程等基础设施建设的良性循环。同时，兴禾村抓好田园综合体的亮化项目，打造出兴禾村金色田园的特色名片。

（三）坚持龙头企业示范引领，打造休闲观光旅游新业态

马鞍山市金色田园农业开发有限公司坐落在省级美丽乡村兴禾中心村，公司打造集循环农业、现代农业、农耕文化、旅游度假、休闲观光为一体的田园综合体。公司严格按照“统一规划、分期实施、开发一片、建成一片、受益一片、滚动发展”的原则，以现代高效农业和休闲观光为主要功能区进行开发建设，致力打造马鞍山第一、华东地区一流的高品质农业产业一体化示范基地，着力展示金色田园生态

水韵文化、人文景观等建设成果，体现绿色农业发展、生态旅游魅力。截至 2019 年，金色田园已投入资金 1.5 亿元完成项目一期、二期建设，百亩荷花观赏园、向日葵园、精品果园、水产养殖、高标准优质水稻种植、木屋休闲、水上餐厅、儿童乐园、水上乐园、四季花海、荷韵长廊、游船码头、荷叶茶加工销售、拓展训练中心、亲子游区、夏令营、研学基地等建设项目的各项基础设施全部建成。自成立以来综合体实现主营业收入达 6 500 万元，其中三产服务性收入 2 000 余万元，年接待游客近 10 万人次。

休闲草坪

三、经验启示

1. 健全机制，重点解决群众关心的身边问题。实行了环卫一体化、市场化运行机制，为农村生活垃圾治理注入了动力和活力。完善健全乡镇、部门、运营公司之间的工作联动机制，密切配合、协调联动，及时做好设施更新、垃圾清运、环境保洁、费用兑付，切实做到运行管理网格化、环卫作业专业化、作业流程精细化。围绕农村生活垃圾治理、生活污水治理、“厕所革命”、畜禽粪污治理及资源化利用、“五清一改”、村庄规划建设等工作，从群众反映最强烈、需求最迫切的突出问题入手，充分考虑到农村实际情况和老百姓的实际需要，防止治理举措和设施“中看不中用”。

2. 以人为本，充分发挥群众的主体作用。想方设法调动群众参与的积极性，避免“干部干，群众看”现象。在整治内容、整治方式以及整治标准上，广泛征求群众的意见，得到群众认可和支持，强化村民之间的良性互动，形成共同治理环境、珍惜环境的良好氛围，激发群众积极参与环境整治的责任意识。加大宣传力度，引导群众自己动手，做好房前屋后净化绿化，保持院落环境干净整洁；发动群众主动参与、主动监督厕所、污水、垃圾等设施的建后管护。注重乡风文明建设，积极开展“文明家庭”“最美庭院”等评选活动，推动移风易俗，力求整体效果，增加环境整治正收益。

3. 长效管护，积极探索可持续的运行体系。积极探索建立权责分明、协调统一、科学规范的管理长效机制，把后期工程管护纳入乡村规划设计、村规民约内容，明确运行管护标准，做到有制度管护、有资金维护、有人员看护，形成规范化、可持续的长效运行管护体系。积极探索建立农户付费机制，通过向农户适当收费，调动农民监督运行管护的责任意识和主体意识，推动形成民建、民管、民享的长效机制。结合实际、因势利导，努力发展壮大农村集体经济，让村集体有一定经济能力管护村庄环境卫生，助力乡村振兴。

案例八

践行生态文明　助推乡村振兴

福建省泉州市永春县

一、背景情况

永春，古称“桃源”，位于福建省西南部，是泉州市下辖的一个县。北宋蔡襄盛赞“万紫千红花不谢，冬暖夏凉四序春”。永春县主要有四个特点：一是生态优美。森林覆盖率69.5%，绿化程度达95%。入选中国深呼吸小城百佳县，荣膺国家生态文明建设示范县、全国文明县城、国家园林县城、国家卫生县城、全国绿化模范县、中国香都等20多项国家级荣誉，持续开展“绿水青山就是金山银山”实践创新、全域化旅游、美丽乡村标准化建设试点县等10多项改革试点任务。二是资源丰富。有13个国家A级景区，有全国两处供奉魁星之一的魁星岩，有弘一法师驻锡572天的普济寺，有闽南传统古建筑群，有著名的永春白鹤拳，有永春芦柑等7个国家地理标志保护产品，有石鼓白鸭汤、永春养脾散等风味菜肴。三是文化底蕴深厚。永春纸织画和永春白鹤拳被列入国家级非物质文化遗产保护名录，著名人物林俊德、吴作栋、余光中以及梁披云、梁灵光兄弟等祖籍都在永春。永春人崇文尚武、勤商善贾，足迹遍布47个国家和地区。四是交通便捷。泉三、莆永高速开通，建设了兴泉铁路，永春县承启东西、连接山海的区位优势突出，是福建中部重要交通枢纽。

二、主要做法和成效

近年来，永春县委、县政府认真贯彻习近平新时代中国特色社会主义思想，牢固树立“绿水青山就是金山银山”理念，扎实开展乡村振兴工作，打造“业兴、民富、水清、林绿、景美、韵醇”的全域生态综合体，确立了“有一种生活叫永春”的品牌形象。

（一）加强农村生态环境保护和修复，建立健全生态环境保护体系

1. 建立健全农村生活污水、垃圾处理体系。科学规划，合理布局，因地制宜，建成农村生活污水处理设施 220 座。委托第三方统一运营维护，确保设施有人用、有人管。推行“户分类、村收集、镇转运、县处理”治理模式，践行“垃圾不落地”，垃圾无害化处理率达到 98.86%。2017 年，永春县农村生活污水垃圾治理先进经验在福建省两次现场会上推广，泉州市农村生活污水垃圾治理现场会在永春县召开。

雪山风景区日出（刘宝生摄）

2. 扎实推进“清新水域”工程。一是编制实施《永春县桃溪流域水质提升方案》《诗溪（永春段）流域水质提升方案》，对全县22个乡镇行政交界断面及汇入桃溪的主要支流进行加密监测，为科学治水提供依据。二是以项目为支撑，从生活污水收集处理、生态河道建设、河道清淤清杂、农村人居环境整治等方面推进流域水环境整治。永春县积极组织策划申报中央资金项目，2018年以来，五里街镇历史文化街区市政管网改造工程等8个项目共获得中央水污染防治资金4 075万元；2019年，蓬壶镇农村生态环境综合整治项目获得中央农村环境综合整治资金700万元，并和东关镇镇区污水处理设施及管网连片整治工程被列入省为民办实事项目，重点推进。积极策划生成多个环保基础设施项目，获市政府大力支持，额外获得流域补偿资金中的重点项目补助资金2 450万元。

3. 实施“清洁土壤”工程。完成25家重点行业企业用地的基础信息采集，开展涉镉等重金属行业企业污染源排查整治工作，编制永春县茶叶优势产区、果园优势产区土壤保护方案，督促土壤重点监管企业开展土壤环境自行监测，尾矿库所在选矿企业及土壤污染防治省级重点监管企业开展土壤隐患排查、编制完成土壤污染隐患整治方案，有序开展永春县耕地土壤环境质量类别划分工作，完成国控省控土壤点位的采样工作。对各类可能存在的土壤污染源及时跟踪监管，全县未发现污染场地风险事故的发生。

桃溪流域综合治理示范段（林宝华摄）

岵山荔枝（张文庆摄）

4. 加强农村生态环境监管。强化农村环境监管执法力量，加强农村环境执法宣传和教育，严厉查处危害群众权益的环境违法行为。全县废水、废气重点排污单位全部安装自动监控设施并联网省监控平台，平台现有监控企业数 6 家，实现省、市、县三级联动，实时监管污染物排放情况。加强环保网格员日常巡查及环境问题信息录入，对三、四级网格员巡查中发现的环境问题，第一时间现场调查取证，依法查处环境违法行为。

5. 建立健全生态环境保护体系。在水里，以“五个一”（一套模式、一个系统、一支队伍、一条蓝线、一个云平台）深化推进河长制，探索“河湖共治”模式，将水库巡查员、生态公益林管护员、村卫生保洁员等人员与河道专管员进行整合，选出 484 名环保协管员，避免了岸上垃圾向河里倾倒、河里垃圾向岸边堆放的现象。建立生态电价机制，退出老旧电站 44 座，限制运行 1 座，转型 2 座，增加 35 公里河道生态流量，促进河流生态修复。在岸上，注重水土保持，完成治理流失面积 17.5 万亩，荣获全国水土保持监督管理能力建设县称号。

创新矿山生态环境恢复治理机制，实现逐年销号，有效减少青山挂白。抓好土地综合整治工作，连续 17 年保持耕地占补平衡。

（二）积极发展生态产业，推进绿色发展崛起

1. 推进农业绿色生产。发展生态循环农业模式，加大物联网等信息技术应用，建设 20 个精品农业示范基地，4 个产品通过绿色食品认证，20 个产品通过无公害农产品认证，被评为全国柑桔基地县、全国优势农产品产业带建设示范县、全国绿色食品原料（永春芦柑、茶叶）标准化基地县。

2. 推进现代农业发展。重点建设 11 个现代农业项目，新增标准化芦柑果园 1 000 亩、生态茶园 2 000 亩；发展澳洲淡水龙虾工厂化循环水养殖 2 100 平方米。对全县 199 家农产品生产备案主体进行追溯管理培训，深入开展食用农产品“一品一码”攻坚月行动，截至 2019 年共源头赋码 168 家，其中茶叶、鸡蛋、果蔬初加工中心等相关重点领域全部提前落实源头赋码准出。

“鸟巢”果蔬园（刘宝生摄）

3. 加快三产融合示范区建设。泰丰生态农业有限公司积极推进果蔬休闲农庄建设，新种脆皮金柑 500 株，建设百香果廊道 1 公里；聚富果品有限公司新建 2 个蓄水池 400 立方米。

4. 抓好现代农业园区项目。推进 3 个省级、2 个市级、3 个县级现代农业产业园创建工作；建设省级农民创业园，争取省资金政策扶持；积极申报福建永春台湾农民创业园，已纳入省政府创建名单。

5. 推进农村信息进村入户工作。继续实施农村信息进村入户项目，2019 年主要是建设县级益农信息社运营中心，目前已完成选址工作，着手制定工作方案。

（三）大力开展农村环境综合整治，有效改善农村人居环境

1. 扎实推进“绿盈乡村”建设。扎实推进“绿盈乡村”建设，从农村环境整治、生态系统保护与修复、永久基本农田保护、粪污综合利用、农村生态环境监管等方面推进，全力实现从初级版、中级版到高级版的梯次提升，着力打造永春特色的“绿盈乡村”品牌。2019 年创建“绿盈乡村”81 个，其中高级版 19 个、中级版 23、初级版 39 个。

高级版绿盈乡村东美村（张文庆摄）

2. 开展春季攻坚城乡环境整治。围绕“清新桃源·宜居永春”全面开展春季攻坚城乡环境整治，2019 年上半年全县完成新房美化 28.43 万平方米，裸房装修 108 万平方米，古厝修缮 7.2 万平方米，搭盖清理 16.39 万平方米，违建拆除 15.37 万平方米。

3. 开展农村住房建设试点创建。科学开展农村住房建设试点项目，开展大耕山宜居型示范农房项目。苏坑镇洋坪村、外山乡草洋村等村庄正在进行房屋“平改坡”工作。

4. 谋划开展重要通道整治工作。开展泉三高速诗山界—岵山出口两侧、湖洋高速出口及周边等环境综合整治，岵山镇南石村高速沿线两侧裸房及平改坡整治，对岵山高速出口天桥下空地进行微整治，打造富有闽南特色的枯山水景观。

入选全国“最有诗意的路”提名的呈祥雪山公路（许师伟摄）

（四）探索创新机制体制，总结凝练实用模式

1. 优化国土空间规划布局。以主体功能区、自然生态空间用途管制、空间规划编制等三大省级试点建设为抓手，完善评价资源环境，建立技术体系，落实管制规则和转用审批流程，通过划定“三区三线”的刚性控制实现全域空间的“面上保护”，通过划定“四大功能区”的产业布局引导全域空间的“点上开发”。

2. 抓好集体林权制度改革。以获批成为全国第二批农村改革试验区为契机，深化集体林权制度改革，完成 22 宗地、1 614 亩非规划林地发证，其经验被农业部收编为经典案例，被列为福建省重点生态区位商品林赎买试点县，并在泉州市率先开展林权流转和抵押贷款。

3. 探索农村土地资源流转机制。被列入全国农村承包土地经营权抵押贷款试点县（泉州市唯一）。抓好旧村复垦，拆除旧房 4 450 栋，实现新增耕地 4 663 亩。

4. 创新生态惠农信贷新模式。在全省率先开办水利设施产权抵押贷款，创新“融水贷”新产品。作为福建省首个“农机超市与农机具财政补贴收益权质押贷款联手”试点，创新开通“香都通宝”“芦柑商户贷”“茶叶贷”“花卉贷”等贷款，为农户创业提供资金帮助。

三、经验启示

永春县深入贯彻习近平生态文明思想，践行“绿水青山就是金山银山”理念，围绕“乡愁故里、生态桃源、美丽永春”发展目标，坚持厚植绿水青山本底，深化体制机制改革，助力乡村振兴。

1. 规划引领，夯实生态基础。印发实施《永春县生态文明试点示范县建设规划》《福建省永春县“绿水青山就是金山银山”实践创新基地建设实施方案》，以规划为引领，有序推进生态文明及“绿水青山就是金山银山”基地的建设。坚持“山水林田湖草沙是生命共同体”理念，以桃溪流域综合治理为纽带，创新治污水、防洪水、涵养水、净化水、美化水、利用水“六水同治”的模式，实现了“水清、堤固、

园靓、路畅、岸绿、房美”的治理目标。以“绿盈乡村”建设为抓手，推行“扫清楚、拆清楚、摆清楚、分清楚、粉清楚”和“田间资源变公园、田间步道变绿道”五清楚两特色的人居环境建设模式。全面实施流域治理、湿地保护、水土保持、封山育林等晋江源系统治理，筑牢戴云山脉生态屏障。

2. 强化转型，助力乡村振兴。以“产业生态化、生态产业化”为主线，做优做大做强现代生态农业，唱响“有一种生活叫永春”的城市品牌。打造永春芦柑、岵山荔枝、永春佛手为核心等特色农业品牌，习近平总书记曾盛誉“永春芦柑非常有名，很甜很好吃”。建设达埔香都小镇、老醋产业园等一批精品项目，香都产业园获评中国四大制香基地。培育休闲养生、康体养生新业态，加快推进 “旅游 +”的全域旅游发展模式，结合乡村振兴，创新延伸旅游产业链，打造北溪文苑、牛姆林等生态旅游、乡村旅游品牌，培育“无烟经济”增长亮点。在福建省率先开办水利设施产权抵押贷款，成为全省首个农机超市与农机具财政补贴收益权质押贷款联手试点。

案例九

生态环保助推乡村振兴：下党村的美丽嬗变

福建省宁德市寿宁县下党乡下党村

一、背景情况

下党村位于福建省寿宁县西北部，闽浙边界处，距县城 43 公里，系下党乡十个行政村之一，自 1988 年建乡以来下党村即为乡政府所在地。下党地处洞宫山脉东麓，地形主要以山地为主，海拔 471 米，年平均温度 16.5℃，气候优越、四季分明，境内大小溪流纵横交错，生态防护林绿意葱茏，古民居古建筑保护完好。现有住户 309 户 1 341 人，下辖下党、后村垅、亚桔秀、兰尾、木角楼等 5 个自然村。

下乡的味道一条街

下党是习近平总书记长期牵挂的地方，习近平总书记在闽工作期间曾三进下党访贫问苦、现场办公、解决难题，30 年来，始终惦记关注寿宁、惦记下党。2019 年 8 月，习近平总书记回信勉励下党乡亲们继续发扬滴水穿石精神，坚定信心、埋头苦干、久久为功，努力走出一条具有闽东特色的乡村振兴之路。下党村立足实际，秉持“创新发展、共建共享”的理念，形成并实践了“一心二业三推动”的工作思路（一心即以村党组织为核心，二业即抓住茶叶和乡村旅游两个主产业，三推动即推动村财政和村民增收、推动互联网思维在乡村传播、推动美丽乡村建设），策划实施了中国第一个可视化扶贫定制茶园“下乡的味道”品牌，积极探索党建富民强村之路。在上级部门和领导的关心支持下，下党村村容村貌发生重大改变，村民生活水平得到极大提升。先后获得“第三批中国传统村落”“全国旅游扶贫试点村”“中国千千万万乡村旅游品牌村”“全国乡村旅游重点村”“福建省四星级乡村旅游特色村”“宁德市十佳旅游特色村”等荣誉。

难忘下党主题馆

二、主要做法和成效

（一）科学定位，打造生态特色乡村

下党村始终牢记习近平总书记“绿水青山就是金山银山”的发展理念，坚持“生态立村、产业富村、旅游兴村”，注重规划先行，推进美丽生态乡村建设。一是坚持“修旧如旧”的规划思路，完成《下党村传统村落保护性修复规划》，对下党古村明清古民居和古廊桥鸾峰桥进行保护性修复和开发，推进传统村落的保护开发工作。二是以下党村生态红色旅游和乡村旅游为抓手，整合生态红色资源和乡村资源，引进高端旅游规划设计团队，完成《下党生态文化旅游区总体规划》《下党及周边乡村旅游总体规划》，以规划为引领，分步实施，打造生态特色乡村。三是以讲好“下党故事”为抓手，围绕县委确立的“135”工作思路，即打造“中国·下党红色旅游新地标”目标，致力将下党建成党的作风建设的展示基地、群众路线的教育基地、摆脱贫困的实践基地，以承接省、市委党校学员入驻培训为突破口，量身定做“五个一”（即重走一段路、重温一段历史、上好一堂党课、举办一个仪式、夜谈一次心得）活动内容，不断提升下党红色旅游内涵，着力打响“清新福建、难忘下党”品牌。目前下党生态红色文化旅游发展态势良好，仅2019年，就接待游客18.12万人次，其中党员干部培训4万多人次。影响力持续扩大，逐步呈现出党性教育和生态红色旅游的“双赢”局面。

党群连心路

（二）全面提升，建设宜居宜游环境

下党村以列入“全国旅游扶贫试点村”为契机，以打造“下党红色旅游新地标”为目标，策划实施31个生态文化旅游项目建设，全面提升，建设宜居宜游环境。一是完善基础设施建设。在各级各部门的关心支持下，先后完成古村保护与开发、下党游客服务中心、滴水穿石公园、文化艺术广场、鸾峰桥修复、生态停车场、旅游厕所、生态水系工程、河滨公园、灯光夜景工程和公路白改黑项目建设，合理规划红色旅游线路，完成各景点、巷道、步道、亭子等的命名以及旅游标识标牌的设计制作等，使群众生活居住环境得到极大改善。二是实施“百村千树”行动计划。完成下党村公路沿线、连心路、“滴水穿石”公园、下党古村及后门山绿化美化提升，结合村庄环境卫生整治，种植景观树、观赏花卉，对村庄周边区域进行林相改造，全面提升绿化美化水平。三是开展人居环境整治。为进一步完善环境卫生保洁长效机制，出台了《下党村环境卫生综合整治实施方案》《下党村环境卫生村规民约》，固定每月18日为全村保洁日，推动环境卫生整治常态化开展。同时，根据市委提出的“4+2”整治内容，完成下党村公路沿线景观节点的提升，启动新村治河立面改造工程，加快古村景观提升工程建设速度，大力开展环境卫生大整治活动，全面清除裸露垃圾、乱堆乱放、违章搭盖、乱贴乱画等脏乱差顽症，营造良好的卫生环境。

（三）创新模式，推进乡村振兴发展

下党村围绕“产业发展、生态宜居、乡风文明、治理有效、生活富裕”20字方针要求，注重保护生态环境，强化生态宜居建设，推进乡村振兴发展。秉持“创新发展、共建共享”的理念，积极探索绿水青山向金山银山转化的实现路径，因地制宜，发展生态农业，打造扶贫定制品牌“下乡的味道”，大力推进党建富民强村工程，在全国品牌中第一个植入“产业扶贫＋消费扶贫”的理念，策划实施中国第一个可视化扶贫定制茶园“下乡的味道”项目，提升品牌价值的同时为茶叶打开更好的销路。该项目模式将扶贫与慈善公益结合，从授之以鱼“变”授之以渔，在很大程度上改变了政府直接拨款难以从根本上富民的老大难问题，创新了扶贫的方式，让生态进城、财富进村，让农民成为产业的主人和真正的受益人，快速帮助下党村摆脱贫困，实现可持续发展。通过实施“下乡的味道”扶贫定制茶园项目，村民的青茶价从原来的每斤均价2.4元增加到如今的10元左右，每亩茶园受益从原来2 400多元增加到6 000元；村集体通过茶叶加工、包装费、管理费等年增收9万元以上。2019年，下党村定制茶园实现销售额650万元，茶农每亩收入9 500元，村民人均纯收入增加到13 000元。

清水廊桥

三、经验启示

下党村从原来的“五无”贫困村到现在的全国上下都十分关注的美丽乡村的嬗变，离不开习近平总书记的关心关怀。下党村坚持把确立符合本村实际的发展战略作为把握全局的基础，思路决定出路，而科学的思路决定发展的质量与速度，践行好“绿水青山就是金山银山”的理念，注重规划先行，强化环境保护意识，充分尊重民意，依托绿水青山和古建民居，大力发展茶产业和旅游业，探索出“定制茶园”的造血式扶贫新路子，打造“下党红色旅游新地标”，致力培育“清新福建·难忘下党”特色旅游品牌，以传统古村落保护开发为抓手，通过乡村环境治理、基础设施建设、农旅融合发展等方式，走出了一条农旅融合促乡村振兴的路子。下党村的发展归根结底是解放思想，实事求是，与时俱进，大胆创新的结果，找准了发展定位，强化了角色意识，是实施乡村振兴战略的充分体现。

古村夜景

案例十

君子谷刺葡萄产业助力生物多样性保护与减贫

江西省赣州市崇义县

一、背景情况

近年来，崇义县将生态资源转化为“生态品牌”，让生态“约束性限制”转化为社会经济绿色科学发展的重要生态依托，建设生态文化综合发展的典范城区，培育形成君子谷野果世界等具有崇义特色的“绿水青山就是金山银山”理念实践基地。君子谷野果世界位于江西省崇义县西部，距离县城 27 公里，拥有 3 800 亩的野果核心保护区，包含 600 亩的野果种质资源科普教育基地，据不完全统计，目前保护区内有多达 300 个大类，细分小品种达上千种的野果和中药材种质资源，是一个独一无二的野果世界，建有完整的食品工业生产设施和旅游服务设施。

群山环抱中的君子谷野果酒庄

1995年，君子谷人为了一个梦想，采取将林业生产“炼山”（即砍伐完木后，用烧山方式来清理山地的造林方式）中要烧毁的野果和植物植株移栽以进行收集与保护的方式，君子谷人在君子谷核心区建立了野果保护区，保护和收集的南方野果种类齐全，资源完整。二十多年来，君子谷在生态环境保护和生态生产上，历经了“存”“理”“用”三个发展阶段。即植物种质资源保存（建设野果保护区），资源整理（建设专类植物种质资源圃），种质资源利用（进行深加工及植物品种选优、选育），君子谷已成为集生态资源保护、现代生态农业、生态科普旅游于一体的现代农业生态示范园，成为一二三产融合发展的结合体，展现了“人与自然和谐共处”的美好，印证了“绿水青山就是金山银山”，取得很好的示范作用。

君子谷野生刺葡萄优选品系生态种植园

江西君子谷野生水果世界有限公司先后获评国家环保科普基地、国家生态环境科普基地、全国科普惠农兴村先进单位、江西省生态文明示范基地、江西省农业龙头企业、江西省农业科技园区、江西省优秀科普示范基地、江西省休闲农业示范区等荣誉和称号。君子谷干红葡萄酒连续10年荣获亚洲葡萄酒质量大赛金奖。

二、主要做法和成效

（一）主要做法

1. 致力生物多样性保护，构建野果资源圃。

君子谷始终坚持尊重自然的理念，除严格对保护区内的野果种质资源进行保护外，对需要被收集进入保护区进行保护的野果种质资源，也制定了严格的收集方法，规定只收集“炼山”会被烧毁的野果植株，刺葡萄就是被保护的众多野果品种之一。刺葡萄属东亚种群，是中国特有的葡萄品种，为中国南方主要野生葡萄种之一，罗霄山脉山区是其中比较有代表性的区域，君子谷野生刺葡萄种质资源圃内保护和收集的野生刺葡萄野生植株达 1 400 多份，通过植物分子鉴定发现有 200 多个不同的品系，极大地保护了当地的刺葡萄原生品种。

2. 挖掘刺葡萄产业发展潜力，实现一二三产融合发展。

（1）深入野果研究，推动资源保护及种质研究科研成果的工业转化。对野果的深加工研究进行了成千上万次的实验，酿造产生了 80 多种野果酒科研成果，每一个成果的背后都有着成熟的生产工艺。2008—2011 年承担江西省星火计划“野生刺葡萄栽培和深加工开发”科技项目，建有省级标准化刺葡萄基地近千亩。科技成果 2011 年通过了江西省科技厅组织的专家鉴定：技术水平国内领先，并确认为“江西省科学技术成果”。2015 年获“赣州市科技进步一等奖”。依托刺葡萄栽培和深加工技术，已建设年酿造生产能力 1 000 吨的生态野果酒庄，刺葡萄酒产品连续十年在亚洲葡萄酒质量大赛上荣获国际金奖，实现了国内本土葡萄品种酿造的葡萄酒在该国际大赛上金奖零的突破，产品深受消费者欢迎，市场接受程度高，市场前景广阔。

君子谷地下酒窖

（2）推动资源优势的旅游业转化。发挥君子谷在环境保护、生物多样性保护、农业种植、科普教育、乡村旅游、工业旅游等方面示范性强的优势，快速发展生态旅游业，吸引大量游客。

（3）发挥区域农业特色，推动刺葡萄产业跨越发展。刺葡萄是君子谷和周边山区的原生种葡萄，非常适合当地的气候条件，因此适应在当地进行生态种植，并发展为优良的生态农业产业。

3. 发扬基地优势，积极承担科普工作任务。

积极开展面向农民的社会科学普及和宣传工作，设有农民培训学校、学术报告厅（会议中心）、科普活动室、农民科技书屋和科普惠农服务站，积极对本县农民进行刺葡萄的栽培管理培训。三年来，来自中国农业大学、西北农林科技大学、青岛大学、湖南农业大学、中国农业科学院、中国食品工业研究院、美国加州圣玛丽山管理学院等的科学家和专家学者在君子谷基地进行学术活动、科学讲座、人文和科普教学达 10 余次，通过产学研模式，带动院校学生对亚热带野生水果的热爱和研究。

君子谷野果保护区部分野果集锦

（二）工作成效

1. 建成野果资源圃，守护崇义的绿水青山。

目前，君子谷不仅拥有“中国野生刺葡萄资源圃”，同时建设了“野生水果种质资源圃”“野生杨梅资源圃”“野生木通资源圃”“野生金樱子资源圃”等专类野果资源圃，中国南方的野生水果在这里几乎都能找到。

2. 以发展带动群众脱贫，实现金山银山的转化。

一产方面。崇义县以君子谷为龙头，采取“四支持”（政府给予种植户种苗和棚架设施支持、给予龙头企业种苗繁殖中心和品牌建设支持）和“四统一分”（龙头企业统一供应种苗，统一技术培训指导，统一质量标准，统一市场或保护价收购，农户分户种植管理）等措施，带动全县 7 000 多户农户种植刺葡萄 1 万多亩，年生产鲜果 1 650 吨。刺葡萄每亩产果 4 000 ～ 6 000 斤，君子谷统一收购，收购一般农户的收购价为 2 元 / 斤，收购贫困户的收购价为 2.5 元 / 斤，一般农户每亩收益达 8 000 ～ 12 000 元，贫困户每亩收益达 10 000 ～ 15 000 元，极大带动了群众特别是贫困群众脱贫。二产方面。利用崇义的生态优势，成功打响了纯天然、绿色有机的著名商标品牌，君子谷刺葡萄产品总产值达 2.75 亿元。不断延伸野果深加工产业链，推出了干红葡萄酒、零添加的发酵起泡露酒、饮料和利用野果果肉纤维制作的果酥饼干等系列产品，年加工能力达到了酿造葡萄酒及果酒600多吨、生态起泡露酒及饮料6 000吨、野果饼干100吨的产能。为200多户贫困家庭创造就业岗位，人均增收达2 500元/月。三产方面。在君子谷野果世界环保科普旅游带动下，辐射周边刺葡萄种植带。一是打造君子谷特色小镇，规划建成了一条成熟的集农业植物科普、工业生产观光和餐饮服务为一体的精品旅游路线；二是依托崇义天然的美丽乡村生态和成片种植刺葡萄形成的景观，大力开发乡村旅游，打造了两杰葡萄沟旅游观光带，带动群众发展民宿、农家乐、采摘等农旅项目，促进群众全面增收。对农民就业、贫困户产业增收脱贫起到了很大的促进推动作用，也为刺葡萄产业和生态休闲农业的发展壮大奠定了扎实的基础。

野果世界生态休闲食品厂

3. 积极宣传“绿水青山就是金山银山”理念，增强群众环保意识。

君子谷野果世界与西北农林科技大学、中国农业大学、华南农业大学、赣南师范学院、赣州医学院等高校合作，承担在校学生的实践教学任务。君子谷的实践教学不仅丰富学生的课外娱乐生活，同时让学生近距离了解南方野生水果，提升了教学效果。县中小学校组织学生在君子谷开展夏令营，通过在野果资源圃、野生刺葡萄种质资源圃及选优品系生态种植园、野果酒庄参观学习，感受大自然的魅力，提高学生的学习兴趣，增强环境保护的意识。每年接待学生 1 000 人次左右。

三、经验启示

二十多年来，君子谷从建立野果保护区发展到设立野果种质资源圃，从野果品种的选优发展到选优品系的生态种植，从品种植物特性研究发展到农产品的深加工开发，走出了一条生态农业、生态工业和大旅游融为一体的“三农”新模式，成了刺葡萄产业链一二三产融合发展典型模式的龙头企业。

1. 践行“绿水青山就是金山银山”理念要尊重自然，生态优先。将生态环境保护放在首位，充分利用好本地自然生态优势，强化产业生态支撑，推动资源节约和降低能耗，把“绿水青山就是金山银山”建设融入经济、社会建设全过程。

2. 践行“绿水青山就是金山银山”理念要绿色发展，点绿成金。优化产业空间布局，以高质量发展为经济发展旗杆，推动绿色发展方式，促进生态与经济融合发展，推进生态产业化和产业生态化，实现经济社会发展与生态环境保护的有机统一。

3. 践行“绿水青山就是金山银山”理念要生态惠民，共建共享。把改善民生作为“绿水青山就是金山银山”建设的根本落脚点，让“绿水青山就是金山银山”建设生态福利惠及民生，改善生活环境，提高生活质量，真正实现“绿水青山就是金山银山”共建共享，增强人民群众的获得感和幸福感。

案例十一

建设生态乡镇
助推乡村振兴

江西省宜春市奉新县澡溪乡

一、背景情况

澡溪乡位于江西省奉新县西北部，距杭长（昌铜）高速18.3公里，处在南昌市1小时交通圈内，位于江西省省会南昌至湖北的古驿道上。辖区内森林覆盖面积高达77.67%，蕴含丰富的竹木资源、矿产资源和水资源，年平均气温13.1℃，盛夏酷暑时节平均气温21℃，空气中负氧离子的含量为城区50倍，是天然的“夏季避暑，四季养生”胜地。拥有“天赐千年美人汤”之九仙温泉，泉水富含硫黄等30多种天然矿物质，对疗养健体颇有功效，不少人慕名而来，澡溪因此而闻名。

近年来，澡溪乡坚持发展和保护两条主线，以“生态立乡、生态兴乡、生态强乡”为引领，按照“打造温泉旅游度假小镇，建设美丽新澡溪”的目标和理念，大力改善生态环境，发展生态产业，做强生态经济，推动生态效益向经济效益、社会效益转化，助推乡村振兴。2019年澡溪乡经济发展和社会事业呈现良好局面，农业总产值4 996万元，同比增长2.1%；工业总产值11 432万元，同比增长3.6%；完成财政总收入2 914余万元，农民人均纯收入达到13 562元，同比增长6.9%。2014年，澡溪乡被评为国家级生态乡镇。2016年，官坳村获评江西省第七批省级生态村，梯田谷获评宜春市3A级乡村旅游示范点。2019年，澡溪乡被评为“江西省旅游风情小镇”，株梓村被评选为江西省十大秀美乡村，兰田组获宜春市新农村建设示范点。

二、主要做法和成效

澡溪乡坚持以习近平生态文明思想为指导，践行“绿水青山就是金山银山”发展理念，聚焦生态发展，致力环保领域治理体系和治理能力现代化，不断增进民生福祉，蹚出了一条生态环保与乡村振兴良性互动、协调发展之路。

（一）保护与修复并举，夯实乡村振兴生态基础

绿色生态是澡溪最大财富、最大品牌，也是最大潜力和竞争优势。澡溪乡坚持污染防治和生态保护修复并举，厚植绿色家底，蓄积乡村振兴发展后劲。一是在招商引资过程中，严把项目准入关，制定负面清单，禁止引进矿山开采、煤炭烧制等高污染、强破坏项目。二是全面加强环境基础设施建设，投入80万元建成垃圾压缩集中处理站，并入全县城乡环卫一体化，实现了生活垃圾规范化处理；投入282万元建成集镇污水处理厂，实现集镇生活污水有效收集和达标排放。三

昌铜风光

是全面开展乡村环境综合整治，拆除铁皮棚等构筑物面积 8 000 余平方米，清理大型广告牌面积 360 余平方米，清理卫生死角 1 000 余处、垃圾 40 余吨。集中开展周边禁养区畜禽污染专项治理，农村环境质量显著提升。四是全面推行“河（库）长制”，全部河道、水库设立责任牌，明确责任人，依法关停和取缔 3 个河道非法采砂点，辖区大型水库一律实行“人放天养”，从源头上遏制了水质污染，基本实现了“河畅、水清、岸净、景美”绿色家园建设目标。五是建立了“林长制”，划定生态红线 6 万余亩，奉新五梅山县级自然保护区面积 2 295.6 公顷，辖区内禁止阔叶林采伐，有效地保护了林地资源。

梯田谷景区

（二）绿色与农业并进，建设现代农业观光示范园

漈溪乡依托独特的高山气候优势，加快农业结构调整，推动传统农业向现代农业产业转型升级。全力推进九仙生态休闲农业、奉新高山生态观光农业等项目建设，培育出九仙农业、梯田谷、株梓国农高山观光农业、九仙皇菊等一系列特色农业品牌，开辟了“园区采摘 + 农耕体验 + 餐饮住宿 + 旅游产品”休闲农业新格局。大力实施“生态

种植”，澡溪乡目前有高标准高山梯田有机稻 3 000 余亩，高山梯田有机皇菊 220 余亩，国农生态科技示范园实现年接待量游客量 2 万余人次，产业融合发展进入良性循环。

（三）生态与旅游并肩，建设康养旅游度假胜地

围绕“县域旅游看澡溪，旅游龙头在九仙”的定位，澡溪乡积极融入宜春市、奉新县“生态 + 大健康”产业发展规划和布局，致力打造中心乡村旅游示范点。凭借特有的温泉资源，紧扣“温泉旅游”和“养生度假”两个主题，引进总投资 32 亿元的“九仙温泉世界”项目，重点打造“三区八园”即温泉体验区、度假酒店区、养生旅居区和水上乐园、亲子乐园、民俗风情园、山地运动乐园、百鸟园、山顶茶园、野外拓展营地、九宫仙境等度假产品，并以此为龙头带动全县生态旅游健康产业发展。同时，实施九仙汤街功能与品质提升工程，打造集文化旅游、休闲娱乐、商业购物为一体的商旅中心。积极对接南昌大学第一附属医院康养项目，努力建成集康疗养生、避暑度假、文化休闲为一体的高端康养旅游度假胜地。

九仙峡漂流

（四）生态与宜业并重，建设特色乡村旅游目的地

澡溪拥有丰富的客家文化、温泉文化、生态文化，为了让前来旅居的游客“望得见山、看得见水、记得住乡愁”，澡溪率先“触电”互联网，创新“互联网 + 乡村旅游”模式，线上推广“千年古汤、仙源澡溪”品牌，推动生态人文与乡村旅游融合发展，实现了“园区变景区、田园变公园、产品变商品、农房变客房”。目前，澡溪乡涌现出溪谷度假山庄、九仙峡漂流等一大批本土乡村旅游企业，发展出特色民宿、农家乐200余家，其中“溪谷”和“丽源”获得“金牌农家乐”称号。2019年澡溪接待游客量突破5万人次，实现综合产值2 000余万元，帮助农户人均年增收4 500余元，带动100余名贫困人口脱贫奔小康，成为中部地区最具潜力的乡村旅游目的地之一。

秀美乡村

（五）生态与宜居并融，建设乡村振兴综合试验区

着力开展综合化乡村振兴试验区建设，打造乡村振兴澡溪示范点。采用EPC模式高标准建设兰田组秀美乡村，新修村组道路1.5公里，贯通省道S519及乡道124，极大改善了村组交通状况。同时，配套完成了客家博物馆、村民广场、垃圾处理设施、污水处理设施、公厕、庭院改造、道路升级改造、游步道、梯田景观、七改三网等建设项目，极大完善了农村功能，有效改善农村人居环境，形成了乡风文明、村容整洁、治理高效、人居和谐的秀美乡村样板，为乡村振兴贡献了澡溪经验。

三、经验启示

生态环保助推乡村振兴、增进民生福祉必须依靠发展，实现高质量发展又必须依靠良好的生态环境，因此要在思想认识上重视生态，制度管理上融入生态，发展模式上体现生态，不断夯实“生态优先、绿色发展”基础，进而实现乡村振兴、人民幸福。

1. 保护好生态环境是乡村振兴的首要前提。生态兴则文明兴，文明兴则乡村兴。乡村振兴不仅仅是要让农村的产业旺起来，农民的腰包鼓起来，更要保护乡村的“原生态”环境不被破坏。澡溪乡坚持践行“绿水青山就是金山银山”理念，遵循人与自然和谐发展规律，将生态环境保护贯穿乡村振兴发展全过程，走治山理水、显山露水的高质量发展之路，实现了发展与保护相辅相成、相得益彰。

2. 落实好管护责任是乡村振兴的长远保证。环境治理兼具复杂性和长期性，一方面要加大环保基础设施建设和投入，另一方面更要建立长而有效的管护机制。澡溪乡深刻认识到管护工作重要性，建立了“河（库）长制”“城乡垃圾一体化处理”“秸秆禁燃督察巡逻”等系列制度，确保城镇道路、供排水、垃圾污水处理、河道管护等责任到人，用制度管人，按制度办事，从体制机制层面杜绝建而不管问题，确保了运行高效、维护到位、监管有力，保障了乡村发展长兴不衰。

3. 发展好生态经济是振兴乡村的不竭动力。乡村振兴是一项耗资巨大的民生工程，靠“输血”振兴不了乡村，必须发挥自身“造血”功能。澡溪乡因地制宜，依托优势资源发展特色产业，立足自然禀赋特点和生态环境优势，用活“温泉”水，灌肥“现代”田，打好“民宿”牌，描绘“乡游”画，形成了与之匹配、人与自然和谐发展格局，打通了绿水青山与金山银山的双向转换通道，走出了一条乡村繁荣振兴与经济发展的可持续之路。

案例十二

生态环保助推乡村振兴

山东省济南市章丘区绣惠街道施家崖村

一、背景情况

施家崖村位于济南市章丘区绣惠街道南部，紧邻省道244线，距济青高速路口3公里，距济青高铁章丘北站500米。全村共有121户，440口人，其中党员20人，耕地面积630亩。近年来，施家崖村在支部书记张恒起的带领下，充分发挥生态环保助推乡村振兴作用，由支部引领，积极借助财政奖补等惠农政策，带领群众发展特色生态环保种养产业，村集体收入由无到有，由弱变强，2019年实现村集体收入55万元，村民人均收入2万余元，走出了一条环境宜居、富民强村的新路子，先后荣获中国美丽乡村百佳范例、山东省美丽宜居村庄、山东省美丽乡村标准化试点单位、济南市蔬菜标准示范园、济南市美丽乡村建设先进单位等荣誉称号。

二、主要做法和成效

（一）突出生态环保建设，打造绿色美丽乡村

一是生态引领谋发展。2012年，施家崖村在外优秀人才张恒起在群众推荐和党委邀请下，回乡代理村级事务。上任后，在镇村商议、群众同意的基础上，张恒起发挥自己从事蔬菜运输的优势，带领群众发展浅水藕种植致富增收。施家崖村申请发展村集体经济扶持资金13

万元，先期建成20亩“白莲藕种植试验田”，当年就实现亩均增收过万元。为实现规模效益，由村党支部领办专业合作社，流转土地900余亩，按照“支部+合作社+基地+农户”的模式，发展生态立体种养产业，白莲藕产生的废弃物喂猪、鸡、鸭、鹅等家禽，家禽产生的粪便用作农作物的底肥，逐步形成循环利用生物链。二是生态环境有人管。共产党员户亮身份、做承诺，实施党员干部街区负责制，发挥党员骨干带头示范作用，为农村环境改善、农村发展、农民增收提供全方位服务。三是生态环境促增收。良好的生态环境形成良性循环，群众看在眼里、记在心里，施家崖村按照“支部+合作社+基地+农户”的模式，村民全部入股合作社，并建立了明确的利益分配机制，通过流转土地保底增收、入股合作社收益分红、打工增收等方式，保障群众和村集体增收。按照精准扶贫要求，坚持产业带动，多措并举，实施扶贫济困，累计帮助本村贫困户6户10人脱贫，没有让一户群众掉队。同时，还认领帮扶了沙埠村、乔家村等周边村的4户贫困户，通过吸纳就业等方式帮扶直至脱贫。与此同时，施家崖村按照强村带弱村的模式，帮助带动9个贫困村脱贫，与济南市贫困村相公庄街道腰庄村形成一对一帮扶，帮助发展菌菇种植产业，带动腰庄村脱贫致富。

施家崖村

（二）抓引领，促发展，生态产业接“二”连“三”

施家崖村按照“生态园区景区化、农业旅游一体化”的发展思路，全力打造集绿色有机果蔬种植、农产品加工、休闲旅游于一体的生态农业循环经济产业链，推动农业一二三产业融合发展，建设高端特色的农业产业综合体，实现现代农业转型升级和跨越发展。一是壮大特色种植基地，发展生态循环农业，做大“一产”。开发整治绣惠干渠南北土地资源，打造贯穿园区的樱花大道；白莲藕基地发展鱼藕立体循环种养，果园基地发展野兔、金蝉、乌鸡等林下养殖经济，建立绿色生态可持续的循环立体种养模式；建设现代化高标准大棚种植草莓、西红柿等无公害蔬菜瓜果，实现四季农业全覆盖。二是拓展农产品深加工，延伸产业链条，做强“二产”。建设白莲藕、苹果和核桃深加工基地，主要生产荷叶茶、藕粉、莲藕酒、果汁等农副产品，进一步提高了农产品经济效益。加强宣传推介，创新市场营销模式，建立农村淘宝店等电商公共服务平台，拓宽了营销网络。三是依托一产和二产，完善生态旅游功能，做优“三产”。结合高铁片区美丽乡村建设，投资 400 余万元，建设了春华秋实、紫藤花下、生态长廊、农村大舞台等特色景观带，进一步美化了村内环境；开发了荷花摄影、水上乐园、动物喂养和产品加工体验等旅游项目，成为集生态观光、旅游开发、特色有机农产品销售于一体的生态农业旅游观光基地，年接待游客 3 万余人，实现旅游收入近 50 万元。

（三）美乡村，推服务，模范带头建家园

一是积极推进落实新时代文明实践工作。培育好乡风民约、家规家风等文化基因，党员、群众代表做模范，以“生活富、庭院美、家风好”为主题开展“争创出彩人家、共建美丽乡村”活动，引导村民开展环境卫生清洁、庭院整治清理行动，让越来越多的人家“室有书香、院有花香、人有精气神、户户竞出彩”；开展“好公婆”“好儿媳”“星级文明户”“四德榜”等形式多样的道德实践活动，传承和发扬传统文化美德，养成良好生活习惯，在这些“凡人善举”的带动下，村民

争当四德表率，实现了农村人居环境人人管，环境质量大提升、农村和谐文明程度大提升、农民科技文化素质大提升。二是践行社会主义核心价值观。多措并举，积极为民提供优质服务，向村民游客推出“红管家”服务，利用政治生活馆、文化娱乐室、乡村大舞台等村内活动场所，由村“两委”成员、党员和群众志愿者组成志愿服务队，为群众提供水电维修、果树种植技术和旅游观光及各便民场所管理等服务。服务队实行群众“点单”服务方式，老百姓遇到困难，一个电话服务到家，轻轻松松解民忧。三是弘扬传统乡村文化，丰富群众业余文化生活。施家崖村投资100余万元，积极完善文化大院、健身广场、凉亭等文化服务设施，建设有地域特色、文化传承、田园风貌的新型村落。施家崖村遵循乡村自身发展规律，把乡愁旅游理念融入美丽乡村建设，精益求精打造了乡村记忆馆、文化娱乐室、新时代文明实践站，记录了施家崖一代代人的记忆和发展历程，新盖的幸福院，为村里每位70岁以上老人提供免费的医疗住养服务，每天中午和傍晚，都能看见老人们欢聚一堂的幸福身影。积极打造荷香生态园和林下养殖经济基地，保留乡土味道，保留乡村风貌，与桃花山沃泰龙山瓷、华家民俗文化展馆相结合，形成传统工业旅游、农业旅游组团发展，使周边群众和外来游客能够望得见山、看得见水、记得住乡愁。

幸福院

平湖秋月

（四）秉承生态发展理念，建设美丽新农村

田园花草齐，白鹭东西飞，荷香池满溢，野兔丛间戏。施家崖村始终秉承“绿水青山就是金山银山”的理念， 把绿色生态理念融入美丽乡村建设和产业振兴发展，先后投资300余万元，实施了村庄道路整修、污水管道铺设、排水沟整治、苗木花卉栽植；组织全村农户实施卫生厕所改造工程，不仅改善了群众生活质量，而且粪渣经过集中收集二次发酵还能就近用于农业种植，形成生态良性循环；在全区率先实行垃圾分类，建设垃圾分类房，大力倡导群众实施垃圾分类，有力促进了绿色、生态、宜居村庄建设。争取上级资金建设氧化塘项目并投入使用，全村污水集中排入村内氧化塘，氧化塘内微生物和植物吸收分解污水进行再利用，有效解决了村内污水乱排问题，而且美化了环境，实现农业增产增收。2019年，施家崖村以高铁片区美丽乡村规划建设为契机，围绕“春华秋实”这一主题，建设了生态长廊、平湖秋月、紫藤花下、乡村大舞台等具有乡土特色的代表性风景点，打造了以生态农场、莲藕种植、草莓采摘、户外拓展为亮点的特色农业观赏区、生态农业体验区，既满足了发展种养产业的需要，又彰显了鸡犬相闻的农家情趣，进一步提升了周边的生态环境。

三、经验启示

1. 坚持党建引领，吸引优秀人才回乡。村民富不富，关键看支部，村子强不强，要看领头羊。施家崖村的生态环保助推乡村振兴，离不开“组织”和“人才”两个关键词。2012 年，施家崖村土生土长的“优秀人才”张恒起带领村“两委”一班人心往一处想、劲往一处使，发挥组织优势，带领全村发展特色白莲藕种植和果园立体生态种植、养殖产业以来，三年时间，实现户均增收近 3 万元。村集体收入 2019 年达到 55 万元。

2. 坚持产业支撑，积极发展生态产业。“绿水青山就是金山银山”的生态发展理念深耕在施家崖村的每一寸土地上。不仅是“荷花连片映日红”的莲藕生态园区，村西边的 350 亩果园基地里，野兔、金蝉、乌鸡、野猪等林下养殖经济也竞相绽放，为村里其他 44 户村民提供了相同的股份和收入保障，亩均收入可达 4 000 元。在枝繁叶茂、鸡鸭蝉鸣的果林里，13 座现代化冬暖大棚和云耕心田私人农场里种植着草莓、西红柿、菜花、莴苣等天然无公害的瓜果蔬菜，四季农业已经在施家崖村“浑然天成”，硕果累累。

3. 坚持村居基础建设，努力提升群众生活环境。2015 年以来，施家崖村先后投资 1 000 余万元，实施了电网落地、道路整修、污水管道铺设、苗木花卉栽植、天然气入户、卫生厕所改造、氧化塘等工程，大幅度改善提升了群众生活质量；又在全区率先实行垃圾分类，广泛推动了“出彩人家”创建工作，使户户争干净、家家竞出彩，成功把村庄烙上了“绿色、生态、宜居”的印记。

荷香满溢

案例十三

聚力生态建设　打造宜居环境
儒乡圣地注入乡村振兴绿色动能

山东省济宁市曲阜市尼山镇

一、背景情况

尼山镇位于曲阜市东南15公里，是我国伟大的思想家、教育家孔子的诞生地。全镇总面积101平方公里，耕地面积5.89万亩，辖42个行政村，总人口5.8万人。尼山文物资源丰富，生态环境优美，境内有尼山孔庙、尼山书院等10余处文物古迹和尼山砚雕刻、刘楼刺绣等非物质文化遗产传承。孔子湖国家级湿地公园、尼山国家级森林公园、省级地质公园坐落于此，生态资源量广质洁。

2010年由山东省政府批准，成立尼山省级文化旅游度假区，2013年山东省重大文化旅游项目尼山圣境开工建设，掀起了尼山经济社会高质量发展的序幕。2014年10月，尼山镇获评国家级生态乡镇，近年来陆续荣获国家级特色小镇、山东省级特色小镇、山东省绿色生态示范镇等10余项荣誉。重点项目尼山圣境一期2018年9月建成开园，第五届尼山世界文明论坛、2018年央视中秋晚会等国内外大型活动相继举办，尼山圣境现已成为尼山世界文明论坛永久会址、世界儒学中心。党的十九大以来，尼山镇深入实施乡村振兴战略，聚力提升乡村生态环境建设水平，坚持以绿为体、以河为脉、以治为基、以护为本，努力将文化资源、生态资源转化为经济优势、发展优势，推动“生产美、生活美、生态美”的有机统一，2019 年尼山镇创建为山东省乡村振兴“十百千”示范镇。

尼山圣境景区

二、主要做法和成效

绿色，是乡村固有的主打色。乡村振兴战略对农村生态环境建设设定了更高的“格”、更广的“面”。作为国家级生态乡镇，尼山镇统筹推进“山水林田路村”一体规划、系统治理，用好生态建设的“加减乘除”法，提升绿水青山的“颜值”，做大“金山银山”的价值。

（一）生态修复做“加法”，成就绿色生态之美

一是加大生态湿地保护力度。为提升孔子湖湿地公园的生态涵养功能，保持湿地内的水流畅通，全镇围绕尼山水库，实施退耕还湖 15 公顷，建设水源涵养林 70 公顷，恢复湿地植被 30 公顷。2017 年孔子湖湿地公园通过国家林业局评估验收，晋升为国家级湿地公园。2020

年，曲阜市大力推进尼山水库调蓄水工程，建设23公里的输水管道，贯通泗河、尼山水库两大水源地，打造出生机盎然的滨水之畔。二是大力实施荒山绿化造林工程。积极整合中央专项资金、小渊基金各类林业资金，实施生态公益林保护工程和森林抚育项目，在颜母山、昌平山等大力实施人工造林工程，新增生态林2 000余亩。借助尼山世界文明论坛配套提升工程，由曲阜市投资1.29亿元实施尼山周边荒山绿化工程，封山造林4 300余亩，昔日岩石裸露的山体变得郁郁葱葱。三是加快补齐农村人居环境短板。近年来，尼山镇以乡村振兴为契机，深入推动农村环境整治。全镇共完成无害化厕所改造11 746户，改造率达到90%以上。通过划分党员干部责任区，全面实施网格化管理制度、"门前三包"制度、建立村级保洁队，逐步营造出村村干净、户户整洁的生活氛围。

尼山镇鲁源滨水花海景观

（二）环境治理做“减法”，打造生态宜居面貌

一是加快废弃矿山生态恢复。作为曾经的石材大镇，2016 年前尼山镇境内有大大小小石材开采厂 10 多家。近年来，尼山镇加大对非煤矿山治理力度，淘汰关停境内中小型石材厂，通过废弃荒山生态恢复治理，消除潜在的地质灾害隐患 60 处，栽植森林苗木 10 000 余株，有效恢复矿山生态环境及自然景观。二是全面清理网箱养殖。20 世纪 90 年代，为提高尼山水库渔业产量，大力发展网箱养殖。高密度养殖及饲料药物投放导致水质持续恶化，对生态造成极大影响。2017 年为解决水库养殖污染问题，尼山镇组织清理了水库内近 200 个养殖网箱。目前，水库水质指标稳定达标，水域环境持续改善。三是做好农业面源污染防治工作。严格农药化肥监管，倡导农民减少农药、化肥使用量，积极推行农药减量增效技术；严厉打击露天焚烧秸秆，提升秸秆综合利用水平，全镇秸秆综合利用率达到 95%。四是铁腕整治“散乱污”企业。深入开展“散乱污”专项整治工作，坚持“发现一家，取缔一家”的原则，关停整治“散乱污”企业 16 家，清除小锅炉 50 余台。对已关闭取缔的“散乱污”企业，强化监管责任，杜绝死灰复燃。

尼山镇鲁源新村实景

（三）绿色产业做“乘法”，开拓生态富民之路

一是释放生态人文效益。依托尼山、尼山水库等良好的生态资源和尼山书院、夫子洞等人文资源，2011 年曲阜市成功引入无锡灵山集团投资建设尼山圣境项目。尼山圣境项目总投资 100 亿元，现已建成全球最大孔子像、7 万平方米儒学殿堂——大学堂以及尼山书院酒店、鲁源游客中心等配套项目。2018 年以来，接待游客量近 300 万人次，直接经济效益达 10 亿元，吸纳尼山镇就业 600 余人。二是推进循环农业建设。利用鲁源滨水景观、圣源花溪等“绿心”项目，招引山东百誉农业投资 1.2 亿元，建设鲁源智慧农业小镇和尼山高端花卉育苗基地，着力发展观光农业、生态农业。鼓励村庄成立党支部领办合作社，提升绿色农产品种植规模，培育了虹美小镇、尼山红葡萄田园综合体等一批农业龙头项目，打造了尼山红葡萄、彭庄石榴和苏村香椿等为代表的绿色有机农产品，全镇现有“三品一标”农产品达 15 种。三是放大生态旅游产业红利。2019 年利用乡村振兴示范区专项资金，实施鲁源圣源乡村振兴样板工程建设，对鲁源、圣源、夫子洞、西官等旅游示范村进行提档升级，接待能力和游赏性进一步提升。依托圣源新时代文明实践站和圣源民宿、夫子洞民宿等五大民宿平台，开发研学游、乡村体验游，旅游服务业涉及 10 个村 700 余人，镇域人均纯收入从 2015 年的 10 810 元跃升至 2019 年的 15 615 元，增长 44.4%。

（四）制度创新做“除法”，凝聚环境监管之力

一是优化环境监督管理格局。建立尼山镇生态环境保护“十四条工作线”，针对施工扬尘、道路管控、企业生产、农村环境治理等十四个方面，制定责任分工和工作措施，实行扁平化管理、目标化推进。建立环境保护联动机制，形成群众监督参与、部门协同配合、督导考核跟进，迅速形成监管执法合力。二是强化生态保护红线意识。完善网格化生态环境监管平台，推进农村生态环境监管体系建设，加大对农业农村污染防治巡查力度。结合尼山镇域实际，划分为三个环境监管网格，配备网格员负责网格内生态监管，依托济宁环境监管平台和

“乡呼县应”工作机制，加大对区域内环境违法行为打击力度。

经过实施一系列的有效措施，尼山镇逐步探索出以生态文明建设助推乡村振兴的可持续发展道路，“看得见山，望得见水，记得住乡愁”成为魅力尼山的最美注解。2019 年全镇土地总面积 10 109.58 公顷，村庄绿化面积 3 195 公顷，森林覆盖率由 2016 年的 26%提升到 31.6%。鲁源河治理、夫子洞河治理、尼山水库调蓄水工程等大型水利项目的建设，使镇域 80%以上的河道、水域得到修复，“水清、岸绿、景美”的水生态环境逐渐实现。扎实开展城乡供水一体化工程，2018 年完成覆盖全镇 42 个行政村的农村水源地保护工作，全镇规模养殖场粪污处理设施配建率达 99.3%，粪污综合处理利用率达 83.89%，农村生活污水处理率达到 65%。通过大力实施美丽乡村建设和农村人居环境提升工程，乡村人居环境、生态环境显著提升，培育出一批生态文明建设示范村，全镇创建省级美丽乡村 5 个，济宁市级美丽乡村 6 个，美丽乡村建设覆盖率位居曲阜市第一。

2019 年，尼山镇成功创建为首批山东省乡村振兴“十百千”示范镇，尼山圣水湖乡村振兴示范区纳入济宁市乡村振兴“2322”示范工程。山东省委书记刘家义、济宁市委书记傅明先等省市领导先后到尼山视察指导，乡村振兴工作得到省市领导的充分肯定。山东省乡村治理现场会、山东省美丽乡村建设工作培训会等先后在尼山镇鲁源新村举办。尼山镇依托生态文明建设推进乡村振兴的做法得到大众网、凤凰网、《齐鲁晚报》等十余家国内主流媒体的高度关注和广泛报道。

尼山水库（孔子湖国家级湿地公园）实景

三、经验启示

1. 注重发挥政府主导作用。生态文明建设是一项长期性、持久性的重大战役，要实现山更绿、水更清、天更蓝、景更美，政府必须牢固树立“绿水青山就是金山银山”的发展理念，充分发挥主导作用。曲阜市尼山镇正是结合地域生态实际，针对“山水田林路村”，制定长远的、系统的生态治理规划，持之以恒、久久为功地推进生态建设。同时，建立健全环境安全监管体系，对区域内生态水平实施动态评估和风险监控，下大力气、深功夫整治污染源，打击环境违法行为。

2. 突出生态建设与产业发展的协调同步。坚持绿色发展思维不动摇，把生态文明理念融入区域经济发展、产业结构优化的各领域。积极推进现代农业、精品旅游、医养健康等新兴产业培育，构建“低排放”“低消耗”“低冲击”的产业体系。在尼山镇乡村建设的过程中，始终树立打造高品质乡村的理念，不断完善乡村基础设施，改善人居环境，通过示范带动、连点成片，逐步打造出生态友好、环境宜居的美丽乡村群落。

3. 重视提高村民素质和参与动力。乡村基层是推动乡村战略的主体，农民更是乡村建设的主体。村民素质的高低，对乡村振兴有着非常重要的影响。一方面要持续提升村民素质，利用新时代文明实践活动，加大对环境保护、垃圾分类等方面的宣传教育，积极引导村民参与到乡村振兴的实践中、生态保护的过程中。另一方面要切实提高村民在环境改善方面的获得感。特别是在乡村环境治理、乡村旅游发展中，调动村民建设村庄、发展村庄的主人翁意识，形成“全员参与、共建共享”的良好局面。

案例十四

坚持生态优先　加快绿色发展
良好生态成为乡村振兴“金钥匙”

山东省泰安市新泰市

一、背景情况

新泰市地处鲁中腹地、泰山东麓，面积 1 946 平方公里，人口 145.2 万人，辖 21 个乡镇街道、916 个行政村（居），1 个省级高新技术开发区、1 个省级旅游度假区。属大陆性季风半湿润气候，四季分明。柴汶河自东向西横贯全境。全市有生物资源 460 余种，现已开发利用的近 300 种。经济总量稳中有进，工业质量效益显著提升，服务业增势明显，是全国百强县、全省县域经济 30 强县、山东省重点建设的 15 个中等城市。

近年来，新泰市委、市政府坚持以习近平新时代中国特色社会主义思想为指导，深入贯彻落实习近平生态文明思想，牢固树立“绿水青山就是金山银山”理念，按照“新产业 + 新家园 + 新农村 + 新农民”实施路径，牢牢抓住产业振兴这一根本，优先实施乡村生态保护与修复工程，着力改善农村人居环境，大力发展生态产业，推动形成农业绿色生产方式，努力实现生态美、产业强、百姓富，为打造乡村振兴齐鲁样板贡献力量，全市乡村振兴实现良好开局。先后被评为中国乡村振兴示范县、全国农村创业创新典型县、全国农村一二三产业融合发展先导区、全省乡村振兴“十百千”工程示范县、山东省脱贫攻坚先进集体。

二、主要做法和成效

（一）主要做法

1. 厚植生态优势，建设宜居家园，让良好生态成为乡村振兴支撑点。

实施乡村振兴战略，就要充分发挥乡村生态优势，让良好生态环境成为乡村振兴的重要支撑。新泰市扎实推进乡村生态保护与修复，实施了荒山覆绿、道路植绿、水系补绿、农田林网筑绿、镇村增绿“五大工程”，大力治理中小河道，积极开展生态修复，着力提升农村人居环境。

（1）加大资金投入，建设美丽乡村。改善农村人居环境是实施乡村振兴战略的重要任务。新泰市成立了农村人居环境整治工作推进机制，一周一调度、一月一通报、一季一排名、半年一亮效，检查结果纳入年度考评。筹措资金 1.2 亿元，建设镇区污水处理厂 12 座、处理站 51 座。投资 3 000 余万元购置 45 辆垃圾运输车，建设垃圾收集站 840 个，配套垃圾桶 1.5 万个。投资 7 000 余万元开展村庄绿化美化工程，购置苗木 800 余万株，不断改善村容村貌，提高农民幸福感。

社区生活污水处理站

分散式污水处理站

村庄美化绿化

新型农村社区

（2）加强河道治理，提升乡村环境。新泰市共有大小河道106条，总长645公里，河网密度达0.33公里/平方公里。随着经济社会快速发展，沿河生产生活人口密度增大造成水质恶化，中小河道一度受到严重破坏。为此，新泰市将河道整治作为乡村振兴的“催化剂”，采取河道岸坡生态防护、水生态修复理措施，共治理河道11条126公里，取得了显著的生态效益、社会效益。

城东大桥人工湿地

谷里大桥人工湿地

羊流河

平阳河

（3）开展生态修复，助力乡村振兴。水土流失是生态环境“顽疾”，必须对症下药。上炭峪小流域位于新泰市东都镇，流域面积 8.14 平方公里，其中水土流失面积 6.92 平方公里。新泰市采取工程措施、植物措施、封育措施相结合的办法，形成“坡上林，坡腰果，坡脚田，沟内拦蓄，坡面蓄水”的布局模式，最大限度地发挥流域内资源的生产潜力。

柴汶河流域生态保护修复

清音公园

土地整治

水土保持科技示范园

2. 建设生态产业，加快绿色发展，让良好生态成为乡村振兴“金钥匙”。

良好生态环境是农村最大优势和宝贵财富。农村生态环境变好了，土地上就会长出“金元宝”，生态产业就会变成“摇钱树”，秀美乡村也能变成“聚宝盆”。

（1）夯实产业根基，让农业“优”起来。产业是乡村振兴的牛鼻子。

新泰市坚持特色发展、错位发展，推进传统产业“有中生优”，新兴产业“无中生有”，构建形成“一镇一业、一村一品”发展格局，打造名优特新农业经济板块。建立林果、蔬菜、特色种植等 6 个发展协会，新发展有机茶等名优农产品 10 万余亩，建成石莱有机茶业等一批特色小镇和 345 个农业特色专业村，楼德镇被评为全国“一村一品”示范镇。

农民丰收节暨第三届葡萄文化节

西张庄特色小镇

“甜红子”山楂

“一村一品”示范村

（2）推动产业融合，让农业“强”起来。新泰市按照“市场化引导、区域化布局、园区化发展、规模化经营”的思路，把现代农业产业园建设作为推进乡村振兴的重要抓手，高质量推进园区建设。山东惠美农牧产业融合发展示范园实行“猪—沼 / 肥—茶 / 果蔬”的立体农业循环模式，以农产品种养、加工、交易及配送服务等产业为支柱，逐步打造从田园到餐桌的可溯源有机食品产业链。山东泰茶农业发展有限公司投资 3.51 亿元建设“良心谷”有机产业园，将农业种植、农产品加工业、农业休闲旅游深度融合，不断拉长农业产业链，形成“龙头企业 + 合作社 + 农户承包制”的利益联结机制。

惠美农牧产业链

惠美农牧“泰山百合园”

“良心谷”茶产业生态示范园

“良心谷”菊花地

（3）创新发展模式，让产业“大”起来。新泰市着力做好“生态+”这篇大文章，让广大乡村既添生态颜值，又增经济价值。一是“生态 + 光伏”连天接地。新泰市采煤历史悠久，形成了 129 平方公里的采煤沉陷区。近年新泰市实施了总投资 200 亿元的采煤沉陷区农光互补示范基地项目，对采煤沉陷区综合治理改造，发展高标准设施农业，建设连片高标准农业大棚，形成农光互补综合开发模式，棚内种植有机蔬菜，棚顶安装太阳能电池板发电，实现了生态农业与光伏发电有机结合。二是“生态 + 电商”牵市进户。“杞农云商”电商平台年销售樱桃等生态特色农产品 500 余万斤，带动农民增收 3 000 余万元。

三是“生态＋旅游”上山下乡。发展生态农业和观光农业，每年组织百合节、樱桃节等节庆活动，培育了陈角峪村等生态乡村旅游“十朵金花”，逐渐把乡村生态优势转化为发展优势。

农光互补项目

古井红色旅游

樱桃节暨经贸文化合作交流会

掌平洼乡村旅游

（二）工作成效

1. 生态环境持续改善，绿色家园美丽宜居。

乡村振兴的质量和成色，要靠美丽乡村打底色，要以良好生态为支撑。新泰市成立了 840 支由老党员和德高望重者组成的劝导及监督队伍，倡导农村现代文明理念和生活方式，绿色理念深入人心。全市 840 个村清理农村生活垃圾 15.83 万吨，清理村内水塘 180 口，清理村内沟渠 310 公里。建成国家级生态乡镇 4 个、省级生态乡镇 15 个；建成省级美丽乡村 17 个、市级美丽乡村 35 个、县级美丽乡村 512 个，占全市乡村总数的67%；建成省级美丽休闲乡村3个；农村面貌和生产生活条件发生了深刻变化。全市生态环境质量持续改善，柴汶河及其支流水质能够达到地表水Ⅳ类标准要求，水生生物多样性逐步恢复，提前超额完成了“水十条”确定的年度目标，环境空气质量稳中向好，全市森林覆盖率达到39.8%，“望得见山、看得见水、记得住乡愁”的美丽乡村景象逐步成为新常态。

2. 生态产业遍地开花，绿色经济生机盎然。

依托资源环境优势发展本地特色生态经济，是实现乡村振兴的关键和根本。新泰市大力发展生态产业，先后建成泰茶“良心谷”、羊流牡丹园、长兴三产融合示范园等现代农业综合体92个，全市规模以上农业龙头企业达到212家，建成现代农业综合体60余家，发展家庭农场2 093家，农民专业合作社2 030家，各类农业企业和农业园区安置5.2万人就业，带动23.5万农户增收。目前全市认证“三品”384个、国家地理标志农产品和地理标志证明商标15个，“甜红子”山楂等特色农业品牌达到70余个。全市农业加工企业达到111家，其中，畜禽产业形成完整产业链条，饲料年加工能力达到220万吨。全市建成专业性农产品市场221处、涉农中介机构1 000余家，2/3的现代农业园区、1/3的农民专业合作社与联华、银座等知名超市开展合作，鲜活农产品直采比例达到30%，全市生态产业生机勃勃、遍地开花。

3. 生态红利充分释放，绿色福利百姓共享。

新泰市的羊流河通过治理，沿岸环境大幅改善，对居民的吸引力大幅增加，毗邻楼盘比其他同期楼盘房价高出了15%；平阳河以生态河道、生态公园为卖点，山水文园、香格里拉等小区纷纷落地，生态效益、经济效益、社会效益十分明显。正是通过把绿水青山的生态价值转化成经济价值，生态红利持续释放，农民享受到了更多的“绿色福利”。新泰市采煤沉陷区光伏发电示范基地项目全部建成后，年销售收入15亿元。一期项目已并网发电，年可实现发电收入5亿元，建成各类农业设施大棚9 620个，年产优质蔬菜5万吨，吸纳安置1.5

万人就业，沉陷区变“包袱”为“财富”，产业结构由“黑色”转“绿色”，真正做到了“光扶农、光促农、光富农”。惠美农牧“泰山百合和园”田园综合体带动周边16个村2万多农民成为“领租金、争薪金”的产业工人，在园区打工人均年收入2.4万元。

三、经验启示

1. 以新思想引领新发展。实施乡村振兴战略必须坚持以习近平生态文明思想为科学指引和根本遵循。生态振兴是乡村振兴的重要支撑，要把生态文明建设作为区域发展的根本大计，认真践行习近平生态文明思想，坚持一以贯之走绿色发展之路。振兴乡村产业，绝不能以牺牲生态环境为代价，搞寅吃卯粮、竭泽而渔式的发展，而是要全面推进绿色发展，把农业增效、农村增绿、农民增收统一起来，打通绿水青山向金山银山的转化通道，让良好生态成为乡村振兴支撑点。

2. 以新路径培育新动能。推动乡村振兴，要坚持以人民为中心，把良好生态环境和实现绿色发展作为最普惠的民生福祉，促进生态环境高颜值和经济发展高素质的同步发展，以生态产业化带动乡村居民增收致富，做好做活“生态+”这篇大文章。要坚持把绿水青山变金山银山的突破点放在发展创新上，大力培育新动能，推动“生态+”做深做实做优，在保护生态环境中发展经济、在经济发展中保护生态环境，努力实现生态美、产业强、百姓富。

3. 以新机制激发新活力。在实施乡村振兴战略中，要统筹“山水林田湖草”、农村产业融合等政策，不断探索新机制新模式，聚力推进新型园区、特色小镇、美丽乡村等振兴载体建设，培育发展“人无我有、人有我优”的特色乡镇、美丽乡村，实现“产城人文”一体化发展，打造功能完善、环境优美、宜业宜居的魅力乡村，不断增强和激发乡村振兴的新力量和新活力。

第三篇

华南地区

案例一

创新环境综合治理模式
助推乡村振兴

湖北省十堰市郧阳区

一、背景情况

（一）简要概况

郧阳区地处鄂豫陕三省交界地区，是国家级贫困县（区）、国家重点生态功能区、南水北调中线工程核心水源区，是名副其实的“北方水井”，保“一库清水永续北送”是郧阳区崇高的政治使命担当。全区版图面积 3 863 平方公里，辖 19 个乡镇（场）和 1 个高新区，348 个村（居）民委员会，总人口 63 万。全区森林覆盖率达 60%，工业“三废”治污率达 90% 以上，境内汉江干流及主要支流水质均在Ⅱ类标准及以上，空气质量始终处于优良水平。2019 年地区生产总值 131 亿元，地方一般公共预算收入 10.39 亿元，城镇常住居民人均可支配收入 30 230 元，农村常住居民人均可支配收入 11 300 元。

郧阳城区远景

（二）环境治理优势

2015年以来，郧阳区先后分五批次，累计投资3.2亿元，在全区20个乡镇（场）339个村开展农村环境综合整治工程，环保设施设备建设实现了整县推进，全域覆盖。为充分发挥现有环保设施设备效益，郧阳区积极创新环境综合治理模式，通过市场化运作，以政府购买服务的方式，引进第三方专业公司，实行环保设施建设运营一体化，开展乡镇污水处理厂运维服务、垃圾处理工程项目运维服务、农村保洁和生活垃圾分类收集、转运运维服务等环境综合整治托管服务，取得了良好实效。该托管服务模式试点项目被列入全国唯一整县推进的环境综合治理托管服务模式试点，有力推进了美丽乡村建设和乡村振兴。

二、主要做法和成效

（一）主要做法

1. 全域化建设治理。为确保“一库清水永续北送”，郧阳区不断加大环境综合治理力度。2014 年以来，陆续建成 18 个乡镇污水处理厂和 9 个垃圾填埋场。2015 年郧阳区列入农村环境综合整治整县推进示范建设项目，争取中央专项资金 2.37 亿元，分三个批次在全区 20 个乡镇（场）339 个村共建成农村污水处理设施 511 座，配备各类垃圾桶 68 240 个、密闭式垃圾中转箱 2 741 个、各类环卫车 279 辆，建设垃圾中转站 13 座、垃圾资源化利用站 6 座，水肥一体化设施 117 座。建设储粪池 212 座、畜禽粪污收集中心配套设施 1 座、养殖废水治理工程 4 座。设置饮用水水源地各类标志牌 175 个，安装饮用水水源地保护隔离围网 25.6 公里，建设前置库示范工程 1 项。农村环境综合整治整县推进示范项目的建设，实现了全区 20 个乡镇（场）339 个村农村环境综合整治全覆盖，新增污水处理能力 4 027 吨 / 日，项目受益人口达 51.44 万人，年可削减化学需氧量 147.41 吨。

樱桃沟村垃圾资源化利用站

汉江绿谷

2. 专业化托管服务。郧阳区委、区政府以创新的理念、改革的办法，积极探索公共服务管理新模式。2018 年，区政府先后出台《郧阳区农村保洁委托第三方运营工作实施方案》《郧阳区农村环境综合整治和水污染防治工作方案》，建立健全城乡生活垃圾、生活污水处理和环保设施长效运维管理机制，采取政府主导、市场运作的模式，以政府购买服务的方式，通过政府采购方式引进一家专业化公司运营，实行一区一场、一镇一站、一村一点，建立“保洁、收集、清运、处理”的生活垃圾处置工作机制。先后将 18 个乡镇污水处理厂和 9 个垃圾填埋场委托给十堰市郧阳区深港环保科技有限公司（简称深港公司）运营，将全区农村保洁、生活垃圾、污水处理委托深港公司运维，探索实行了环保设施建设运营一体化的农村环境综合整治托管服务新模式，实现了专业的事由专业的人做，最大限度提高公共服务水平。

3. 优质化监督管理。为进一步规范运营管理，2019 年 5 月，郧阳区政府出台了垃圾整治、农村环境综合整治生活污水处理设施运营管理、流域水污染防治、环境整治资金分配等实施方案，明确了乡镇政府主体责任、区直主管部门监管责任、深港公司运维责任。明确区五城联创指挥办公室统筹全区农村环境综合整治和水污染防治工作，做好统筹协调、督促检查和考核兑现等。各乡镇（场）是环境综合治理和水污染防治的责任主体，与深港公司签订服务合同，强化对深港公司服务情况的监督，每月进行一次考核并向区五城联创指挥办公室报送考核情况。区住建、水务、生态环境、财政等区直相关部门各司其职，做好农村环境整治及水污染防治督办、管理等日常工作，加强协调配合，确保工作顺利推进。运营主体深港公司每月检查考核各乡镇运维情况，按照服务合同做好垃圾整治、农村环境综合整治生活污水处理设施运营管理、流域水污染防治、环境整治资金分配等托管服务工作。并在郧阳区城关镇污水处理厂建成一套农村垃圾和生活污水处理远程监控平台，通过移动无线网络将污水处理设备终端摄像头与监控平台显示屏连接，以适时监控农村污水处理现场设备运转情况。

柳陂镇卧龙岗村人工快渗一体化处理设施

4. 长效化保障运维。郧阳区政府建立环境综合治理经费保障机制，将垃圾收运处理和生活污水集中处理设施运营管理经费和管网维护维修经费纳入年度财政预算，污水管网管护维护经费按每公里 5 000 元预算，按照实际发生情况拨付乡镇。2018 年区财政统筹整合 1 800 万元资金，专项用于全区农村垃圾和污水处理工作。2019 年区财政统筹整合 2 200 万元农村垃圾和污水处理工作经费，设立专户、建立专账，实行专账管理、封闭运行。另调配 100 万元财政资金，对工作推进有力、成效明显的乡镇进行奖励。制定农村垃圾整治资金拨付办法，将农村垃圾整治资金划拨给乡镇，由各乡镇对第三方运营公司进行结算。所划拨给乡镇的资金分为日常运营费和绩效考核费两部分，日常运营费由区财政局每月全额划拨给乡镇，绩效考核费由五城联创指挥部对各乡镇进行一月一考核，按照考核结果拨付运行经费。

（二）工作成效

1. “环境优”。配套的设施，有效的机制，使农村污水处理率达到 70% 以上，生活垃圾定点存放清运率达到 100%，生活垃圾无害化处理率达到 80% 以上，汉江水质常年保持Ⅱ类以上，郧阳区为北方守护好了“大水井”。

南水北调中线工程生态文化公园——中华水园

“全国美丽乡镇”郧阳区柳陂镇——柳陂湖

2.“乡村美”。通过全区农村环境综合治理托管服务模式的实施，设施设备充分发挥效益，全区农村生活垃圾全方位保洁、无缝隙收运，有效解决了农村生活垃圾乱倒、污水乱流的问题，农村人居环境质量明显改善。

子胥湖嘉年华

3.“村民富”。实行公司化专业运维后，为农村居民提供了 1 200 多个就业岗位，直接带动 800 户贫困户脱贫。农村面貌发生根本改善，生态农业、乡村旅游如雨后春笋快速发展，带动居民稳定增收，农村常住居民人均可支配收入连续两年增长 9.2%、10%，人民群众对环境保护的获得感和幸福感明显提高。

三、经验启示

1. 领导重视是根本。郧阳区农村环境综合整治工作之所以进展有序，成效显著，根本原因在于各级党委、政府领导的高度重视和有力推动。

2. 设施建设是基础。农村环境综合整治工作的整县推进，为全区 20 个乡镇（场）配备了环保基础设施，为改善农村人居环境，推进乡村振兴提供了基础保障。

3. 经费投入是保障。积极争取农村环境综合整治中央专项资金 2.37 亿元，并把运维资金纳入政府财政预算，连续增加后期运维资金，有力保证了设施设备建设和充分发挥效益。

4. 宣传引导是前提。通过制作宣传栏、发放资料、广播电视、召开动员会、现场会、培训会等宣传形式，组织群众参观已建成的整治项目，让群众体验污水变清、垃圾无臭、枝繁叶茂、鲜花盛开的美丽乡村，形成了共享共建共治的良好生态环保工作局面。

案例二

村企共建
助推振兴乡村

湖北省黄冈市罗田县骆驼坳镇燕窝垸村

实施乡村振兴战略是党的十九大提出的一项重大战略，是关系决胜全面建成小康社会和全面建设社会主义现代化国家的全局性、历史性任务。罗田县在推进乡村振兴过程中，紧紧结合习近平新时代中国特色社会主义思想和习近平生态文明思想，牢固树立“绿水青山就是金山银山”的理念，围绕“产业兴旺、生态宜居、乡风文明、治理有效、生活富裕”乡村振兴总要求，以生态文明建设引领新时代乡村振兴，着力打造了骆驼坳镇燕窝垸村这个乡村振兴样板。

一、背景情况

骆驼坳镇燕窝垸村是湖北省建档立卡旅游扶贫重点村，全村总面积 6.8 平方公里，下辖 13 个村民小组，351 户 1 368 人，2014 年建档立卡贫困户 118 户 382 人。2010 年燕窝垸村级负债近百万元，人均收入不足 1 000 元，是全县出了名的国定贫困村，村里干部无人当，驻点干部不愿来。通过几年来矢志不渝的脱贫攻坚、人居环境综合整治、生态村创建等综合发力，燕窝垸村由过去的软弱村、涣散村、贫困村，蜕变成为远近闻名、网络知名、人才慕名的生态花园、幸福家园、梦想乐园，先后获得中国特色旅游名村、国家旅游扶贫示范村、湖北“十大示范农庄”、湖北省宜居村庄、黄冈市“先进基层党组织”、首批省级现代农业产业园创建单位、全省文明村、全国乡村治理示范村等荣誉称号，实现了从“天赐燕窝垸”到“人造燕儿谷”的深刻转变。燕窝垸村提供了一个生动的、鲜活的、看得见、摸得着的“绿水青山就是金山银山”的乡村振兴样板，“产业兴旺、生态宜居、乡风文明、治理有效、生活富裕”的乡村振兴目标要求在这里有一幅美丽画卷的答案。

二、主要做法和成效

燕窝垸村这几年的蜕变不是等政策等来的，不是“堆盆景”堆出来的，也不是一朝一夕建成的，而是在党的领导下、在回乡能人的带动下，燕窝垸村民齐心协力、苦干实干的成果。总结燕窝垸村生态环保助力脱贫攻坚助推乡村振兴的模式探索实践，可以用“三个一”来概括。

燕儿谷——梅岭

燕儿谷——茶梅园

1. 打造一张生态名片。生态美是乡村的最亮底色，也是振兴的最大本钱。围绕建设美丽乡村，燕窝垸村把整治村容村貌作为第一道工序，痛下决心关养鸡场、停采石场、拆猪圈，一鼓作气改旱厕、改管网、建沼气，系统推进垸落整治，建成了人工湖、外婆桥、徐家老屋、燕归园等特色人文景点，河道治理、湿地改造、安全饮水等一批工程筑牢了生态环保基础，污水横流、垃圾乱倒的现象不见了。燕窝垸村坚持无规划不建设，请中国地质大学旅游发展研究院编制《罗田县燕窝垸村旅游扶贫规划》，把景区规划、村庄规划与产业规划相结合，按照专家的设计，投资8 000多万元建成600多亩桂花冲、500余亩采摘园、650余亩茶梅园、100余亩盆景园，1 200亩坡地退耕还林，所有通村通组的路旁种上行道树，实现了村在景中、景在身边。燕窝垸村因地制宜、道法自然，沿着将军寨下的“一河两岸”种树植绿、栽花铺草，做到“绿化景观化、景观特色化、特色产业化”，改造出了燕儿谷3A级景区。在燕窝垸村党员干部看来，环境美人人美、生态好事事好，搞环境治理好比打扫干净屋子再请客，是一个外树颜值、内提气质的好办法。群众算了一笔账，抓生态保护至少有四重功效：一是改善村容村貌得人心，二是创造生态公益岗位暖人心，三是增加人气流量聚人心，四是拉近党群干群距离稳人心。

2. 搭建一个生态产业平台。燕窝垸村“两山夹一沟，十种九难收”，依靠传统农业难以翻身，怎么办？围绕罗田“生态立县、旅游兴县”的发展举措，瞄准建设美丽乡村这个目标，紧扣发展乡村旅游这条主线，充分利用“两山夹一沟”的特色地形，以山区自然沟域为单元，以旅游为纽带，以股权为联结，连片挖掘整合沟域范围内的自然人文资源，着力打造“生态旅游+”产业平台，形成了“公司+集体+农户”的利益共同体。经过5年的投资发展，以一产休闲农业、二产农副产品加工及园林建设、三产乡村旅游与森林康养为主体的特色产业加快成型，带动土地流转面积近5 000亩，2018年连片六个村新增市场主体8家。紧跟发展形势的变化，对贫困户的扶持逐渐从扶户变为扶村，从扶个体变为扶主体，以小香薯等专业合作社、特色种养专业户、农家乐等形式推进多层次市场主体的融合发展，提供固定员工和临时工岗位200多个。一批乡村手艺人依托景区平台，做豆腐、扯油面、打糍粑、做篾器、做木器、画画、打铁、织布、绣花、雕刻，既活态展现了非遗文化，又培育了乡村体验新项目，深受游客喜爱。得益于燕儿谷这个“生态旅游+”产业平台，不少村民自称是拥有租金、薪金、售金、股金的“四金”农民。

燕儿谷——燕归园

3. 培育一个优美人居环境。过去的燕窝垸村，山上茅草丛生、荆棘密布，出门道路坎坷不平，采石场养鸡场乱挖乱建，猪圈厕所杂乱无章，河塘沟渠污水横流，一到夏天蚊蝇乱飞。通过村企联建大力推进垸落整治，燕儿谷还建成了第一批森林康养公寓，既让在这里康养的老人能享受好山好水好空气，同时也是把绿水青山变成金山银山的一种探索和实践。湖北省已经将燕儿谷作为“绿水青山就是金山银山”理论的创新实践基地向国家申报。自 2018 年以来，新增投资 5 000 余万元，带动连片六个村新增市场主体 60 多家。如今，道路平整宽敞，房屋修葺一新，路灯古色明亮，5 000 亩山水田林错落有致，260 万株花卉草木掩映村中，草如茵、树成行、花争艳、蝶恋舞，春有山花烂漫，夏有绿树成荫，秋有硕果飘香，冬有茶梅傲雪，一年四季游人如织，到处是绿的世界、花的海洋、人的笑容，成为了燕子、大雁等候鸟的栖息地，有 1 万多只喜鹊在这里搭了安乐窝。

燕儿谷——乡村工匠学校

三、经验启示

燕窝垸村优势在生态，未来也在生态；燕窝垸村成在生态优先，赢在绿色发展。燕儿谷公司成立后打的第一仗就是环境整治这个硬仗，这一仗打开了燕窝垸村的贫困“枷锁”，打出了脱贫致富、振兴乡村的新天地，“绿水青山”加速变成“金山银山”。生态是乡村最大的发展优势，振兴乡村毫无疑问要把这个最大优势充分发挥出来。始终坚持保护是前提，实行最严格的环境保护制度，统筹山水林田湖草系统治理，高质量完成“四个三”重大生态工程建设任务，持续加强农村人居环境整治，全面推进农业绿色发展。始终坚持提升是常态，坚守农村生态环境只能变好不能变差的底线，全面实施乡村绿化行动，综合提升田水路林村风貌，建设一批美丽乡村示范村。始终坚持转化是关键，深入实施地标优品工程，加快发展大健康产业和全域旅游，发挥自然资源多重效益，挖掘乡村多种功能价值，大力推进生态产业化，开发更多优质生态产品，打造各具特色的乡村生态产业链。

燕儿谷——恋桥

案例三

发动群众护生态
多措并举促振兴

湖北省荆州市松滋市街河市镇新星村

一、背景情况

新星村位于湖北省松滋市街河市镇西北部，紧邻洛溪河，地貌特征为一半平原一半丘陵，全村总面积6.5平方公里，共有10个村民小组，610户2 349人，其中党员75人。耕地总面积3 612亩、山林2 000亩、水域300亩、水泥硬化公路25公里、硬化沟渠8公里。森淳农业发展有限公司、新淳农业发展专业合作社，为村集体增收和村民就业提供了有力保障。

近年来，新星村先后获得湖北省美丽乡村建设典型示范村、湖北省生态村、湖北省文明村、湖北省百佳村民委员会等荣誉。

新星村七组——新星牌楼

二、主要做法和成效

（一）主要做法

1. 广泛宣传，提升意识。自人居环境整治工作启动以来，新星村认真学习领会中央、省、市工作精神，及早谋划、广泛宣传，全面提升群众开展人居环境整治工作的主动意识。在村级宣传栏、文化墙、群众房屋山墙张贴固定宣传标语 23 处；结合党员大会、村民代表会、湾子会、户主会和精准扶贫“6611”会议召开人居环境整治群众会 47 场次；结合“村村响”广播定期或不定期开展广播会，通报先进典型，述说新星美丽故事，极大改变了群众“不理不睬”的局面。现在的新星村人人讲卫生、个个当典型。

2. 四大体系，净化环境。建立人居环境整治“队伍体系、责任体系、资金体系、奖惩体系”四大体系，实施“户分类、组保洁、村集并、镇转运、市处理”垃圾处理模式，保证农户垃圾不落地、转运及时。目前新星村聘用保洁人员 4 名，收取农户垃圾处理费 61 000 元，清理转运垃圾 210 吨。结合“一把扫帚扫到底、干干净净迎国庆”活动，每月定期组织开展清洁家园集中整治活动，组织农户整治房前屋后的环境卫生，创造清洁舒适的生活环境。

新星村八组——五谷园

新星村六组——垃圾分类站

3. 治理污染，变废为宝。结合厕所革命、一建（建沼气池）三清（清垃圾、清路障、清污物）、根治五乱（垃圾乱倒、污水乱泼、渣草乱放、粪土乱堆、畜禽乱跑）等活动，标本兼治开展污染治理行动。全村建成公厕 4 座，村民自家建水冲式卫生厕所 538 座，完成三格式化粪池改造 52 户，多户联建综合小湿地 1 个。所有村民家庭全部实施了养殖改圈，将畜禽圈养地与居民居住地分开，单独建附属房，并配套圈内冲洗、消毒、防疫的设施。新建一处农村生活污水微动力无害化处理工程，利用管网将 65 户居民的生活污水集并，通过厌氧生物治理 + 人工湿地治理实现达标排放。建设养殖粪污发酵池 5 个，通过自然发酵，将养殖粪污变为有机肥，广泛施用到村集体千亩脐橙基地和百亩蔬菜种植基地，既实现养殖粪污“零排放”，又极大程度提升了农产品品质。目前新星村生活垃圾定点存放清运率基本达到 100%，无害化处理率达到 80% 以上。

4. 绿化村落，提升形象。结合“绿满荆楚”“乡村振兴”，栽植绿化用材兼得的绿化林 250 亩、果园 1 100 余亩、各类花树 1 000 余株，25 公里通村公路绿化带全部栽植行道树，8 组、10 组组级公路、新星牌楼、驿站栽植花圃带 4 条，保留原有松材林、杂树林 1 000 亩，基本实现四季常绿、到处有花的美丽景色。农户户均五棵树，既有绿又有花又有果，既有形象提升又有经济效益。现全村森林覆盖率达到 40% 以上。

新星村八组——村容村貌

5. 产业振兴，发展经济。村集体流转 2 500 余亩土地，发展村级集体经济，形成八大支柱产业，助推集体经济振兴。一是优质水稻种植区。2018 年初实施高标准农田整改 540 亩，建设“五谷园”，夏播主要种植优质常规水稻“三颗寸”，冬播种植优质大小麦、油菜。二是千亩纽荷尔脐橙种植园。2017 年 1 月通过招商引资，合作开发 1 000 余亩优质脐橙基地。三是绿色原生态蔬菜种植园。新星村建有原生态蔬菜基地 100 亩，其中含 10 个大棚，蔬菜园区采用埋管喷灌、滴灌，生产多季蔬菜，年产蔬菜 200 吨。四是生态土鸡养殖。山坡上“跑跑鸡农场”实行“林下养鸡”模式，土鸡完全散养，每天在林地里活动觅食，主要食用虫子、野草等天然食物。五是生态土猪园。2017 年开始发展生态养猪，现建成的猪舍有 7 栋，占地面积 6 000 平方米，以生态、绿色、健康为宗旨养殖每头家畜，养殖期间不使用任何添加剂和抗生素。六是水产养殖。全村现有水产基地水面总面积 210 亩。七是麦酒原乡纯粮白酒。新星村酿酒业历史悠久，村内手工艺人众多，现有酿酒车间和体验作坊各一家，主要生产小麦、大麦、糯米、高粱四种纯手工粮食酒。八是乡村旅游业。新星村于 2016 年底成功创建省级美丽乡村建设，两年来，逐步完成了各项建设任务。2018 年 5 月 1 日，集餐饮、接待、住宿、垂钓、游玩于一体的接待中心新星驿站正式对外开放，年接待游客 5 万人次。现已规划一条完整的旅游路线，即新星牌楼—森淳产业园区—五指堰观光水库—环湖栈道—陶艺坊—十里画廊—乡趣拓展园—五谷观光园—酒乡文化馆—乡贤馆—新星驿站。

新星村四组——新星驿站客房

（二）工作成效

1. 清洁能源利用大幅普及。村级实施沼气高值利用，开展自然村落集中供气 75 户以上，85% 以上农户用上管道沼气，预计年利用沼气约 14 600 立方米，年节省生活用能开支近 4 万元，折标煤约 10 400 公斤。通过使用清洁燃料，农户厨房清洁卫生，一氧化碳、二氧化硫等有害气体排放明显减少。同时，全村路灯全部使用太阳能路灯亮化，2019 年新建太阳能路灯 30 盏，完成 170 盏太阳能路灯的全面检测和维护，年节电约 2.48 万度，农户生活品质显著提高。

2. 人居环境显著改善。通过生活污水沼气净化池，年无害化处理生活污水 1 500 吨，示范区生活污水得到有效管控。通过人居环境整治，村级年收集转运生活垃圾约 210 吨，村级公共区域、农户房前屋后基本实现无白色垃圾，环境美化亮化，村民生产生活环境得到明显改善。

新星村九组——村卫生室

3. 农村产业更加清洁。实施沼液水肥一体化应用技术，沼肥替代化肥，1 000 亩脐橙基地、100 亩蔬菜基地年利用沼肥 6 000 吨，节约化肥支出 15 万元，该技术集灌溉、水肥为一体，自动化控制，年节约劳力近 2.3 万个。通过沼肥使用，减少农药施用，实行绿色生产，果品质量明显提高，丰富了以“沼气”为纽带的循环种养模式，上接畜牧业、农业加工业，下联种植业，社区公共服务新业态初步形成，长效营管机制基本建立。示范区形成集生产、休闲、旅游、餐饮、商贸、加工于一体的三产融合发展的闭合链条，一批批绿色农产品品牌不断涌现。

4. 乡土文化大放异彩。通过人居环境整治提升行动和乡村振兴建设，使新星村的山更青、水更绿、天更蓝，自然优美，空气清新，四季有花，处处是景，促进农村自然资源与人文资源的有效融合，形成自然 + 人文、现代 + 传统、风景 + 风情的乡村旅游特色。开发“陶艺坊”“剪纸坊”“酒乡文化馆”“乡趣拓展园”“玉米魔宫”等游玩主题设施，丰富农村旅游文化，彰显人文内涵，留住美丽乡愁。10 月份组织开展“庆丰收、迎国庆”农民文化节活动，接待游客近万人，较大提升文化 + 旅游经济发展水平。

5. 发展集体经济后成果共享。从 2016 年开始，村卫生室由村委会统一管理，并专门从市中医协会聘请一位知名中医每周两天免费坐诊，2017 年 9 月又长期聘请了一知名中医在村部全天坐诊，并倡导实行 65 周岁以上老人在村卫生室门诊看病个人负担部分全免政策，同时设立救助基金。2018 年村委会组织在外创业的成功人士召开乡情会达成共识，由赵业胜和黄亚年两位爱心老板每人每年捐赠 5 万元成立了新星村“爱心医疗基金会”。卫生室为每一户村民建立健康档案，对贫困户家庭、慢性病家庭签约家庭医生服务，做到每月一次随访和随时上门服务。为鼓励支持村里的孩子考上好的大学，成立教育基金，专门奖励考上重点大学的孩子们，近年来共奖励资助学生 18 人 3.2 万元。实施文化惠民，建立高标准文体广场，成立村广场舞和舞狮队；弘扬传统美德，制定完善村规民约，开展“孝爱家庭”和“最美家庭”等评比，减少矛盾纠纷，净化村风民风，促进村民和谐。2019 年还成立了老人儿童快乐中心。

三、经验启示

“望得见山，看得见水，记得住乡愁。”无论什么季节来到新星村，都让人连连赞叹，流连忘返。近年来，新星村大力实施治理能力提升工程，实施农村人居环境整治工程，推进乡村法治建设，提升乡村德治水平，着力构建自治、法治、德治相结合的乡村治理体系，村庄面貌焕然一新。促进了农村自然资源与人文资源的有效融合，从而对推动产业发展、保护生态环境、醇化良好乡风、改善农民生活产生直接影响，提供有力保障。在治理设施日臻完善的同时，通过丰富农村旅游文化，彰显人文内涵，文化＋旅游经济发展水平共进，乡风民俗文明程度全面提升。

要达到农业强、农村美、农民富的乡村振兴目标，新星村前瞻性地推进乡村振兴战略，消除那种简单的“要人要钱要物”思维，强化治理思维，在乡村与城市的良性互动与融合发展中把乡村振兴战略向前推进。乡村治理是实施乡村振兴战略、实现乡村善治的基石。乡村治理的效果不仅决定着乡村振兴的质量与水平，还决定着乡村社会的发展繁荣与稳定，新星村产业强、百姓富、生态美、群众幸福感高的绿色发展之路越走越宽。

新星村九组——民俗文化墙体画群

案例四

强化生态环境保护
助力乡村生态振兴

湖南省长沙市浏阳市官渡镇竹联村

一、背景情况

浏阳市竹联村距浏阳市区 32 公里，面积 10.8 平方公里，总人口 3 286 人，是国家级“诗画中州”田园综合体试点项目所在地。共有耕地面积 5 680 亩，其中水田面积 2 900 亩、旱土面积 2 780 亩。农业主产水稻、蔬菜、花木、水果。村内有工业企业 5 家，事业单位 3 家。通过近几年不断努力，竹联村从一个无历史资源和自然资源优势，文化底蕴也不够浓厚的普通村庄，到现在的村容村貌整洁，农业产业初具规模，工业企业稳步提升，特别是第三产业（全域乡村旅游）跨越式发展的，集农耕体验、农村休闲、农事体验、有特色文化的“宜业、宜居、宜游、宜文”的秀美乡村，先后获得“浏阳市优秀基层党组织”“长沙市示范化五化党支部”“长沙市文明村”“长沙市垃圾分类减量示范村”“长沙市党员培训基地”“长沙市乡村振兴示范村”“长沙市小微水体管护示范片”“长沙市美丽宜居村庄”“长沙市美丽乡村建设示范村”“湖南省美丽乡村建设示范村”“湖南省优秀村规民约村”“湖南省卫生村”等荣誉称号。

村庄入口标识

二、主要做法和成效

竹联村认真贯彻落实习近平总书记关于“宁要绿水青山，不要金山银山，而且绿水青山就是金山银山”的生态文明理念，坚持把生态乡村建设作为解决农村环境问题、改善生态环境质量、补齐环保短板的重要抓手，全力推进乡村振兴战略的落实。通过大力推行环境保护助力乡村振兴，竹联村发生了可喜变化。

（一）主要做法

1.“真心”部署，让村民知晓做什么、谁来做。以改善人居环境、提升村民幸福感为立足点，竹联村将“治垃圾”“治水”工作列入民生实事工作清单，抓好《村级工作目标管理考核细则》结果运用，书记、主任亲自挂帅，村组干部靠前指挥，包村干部贴近一线，累计向全村发放倡议书 2 000 多份，制作宣传专栏和宣传标语 20 多个，成立义务宣传队，上门入户进行宣传，相关工作知晓率、参与率达到了 100%。全体村民按照要求开展植树绿化活动，推进以“村旁、宅旁、水旁、路旁”为基础的“四旁”绿化，以庭院为主体的“庭院绿化”，以村口和公共活动空间为内容的“节点绿化”，通过植被、水体、建筑的合理搭配，形成村在林中、房在树中、人在花中的绿化景观。同时，通过前期广泛宣传动员，竹联村顺利启动一户多宅清理工作，拆除 40 户房屋面积 12 363 平方米，增加可复垦为耕地的面积 23 894.09 平方米；在幸福屋场建设过程中，村民自主自愿拆除乱搭乱建 20 处，拆除违法建筑 6 处，既美化了景观，又涵养了水源，保护了水土。

村庄绿化

2.“匠心”打造，让模范引领带头做、主动做。结合 1228 党建工程和“三保”体系构建，镇机关党建指导员下沉到竹联村，38 名年轻党员积极争当卫生管理员、河道环境监督员，指导帮助村民将垃圾进行分类，6 名专职保洁员定期上户回收，专业垃圾清运公司集中清运，有力地推进了环境综合整治。在党员干部的带动感召下，涌现出了将自家房屋改造为资源回收环保屋的道德模范钟美光、在家庭相当困难情况下仍捐资 1 000 元用于建设的双残低保户钟启贤夫妻等一批先进典型，同步带动了全体村民投工投劳的强大合力。在此基础上，通过村民议事会、道德评议会、红白喜事理事会等村民组织开展乡风评议，建立道德激励约束机制，形成健康向上的民间舆论。广泛开展“星级文明户”“标兵党员”“最美乡贤”等评选活动，鼓励村民践行生态环保理念，2019 年评选出星级文明户 60 户，标兵党员 10 人，最美乡贤 12 人，被《湖南日报》、湖南电视台、《长沙晚报》《浏阳日报》等 20 多家主流媒体宣传。

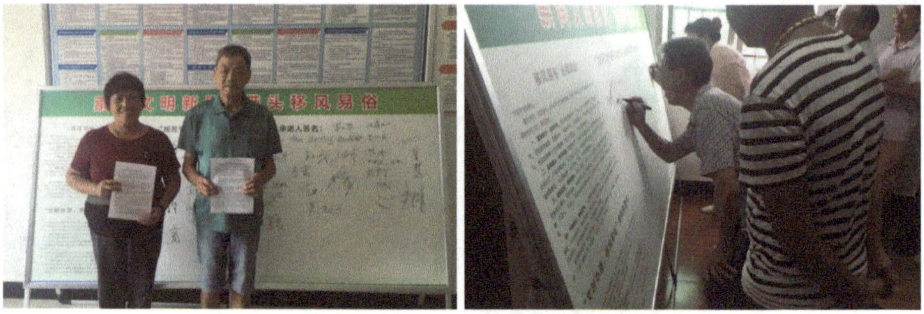

党员签订《移风易俗，从我做起》承诺书

媒体报道

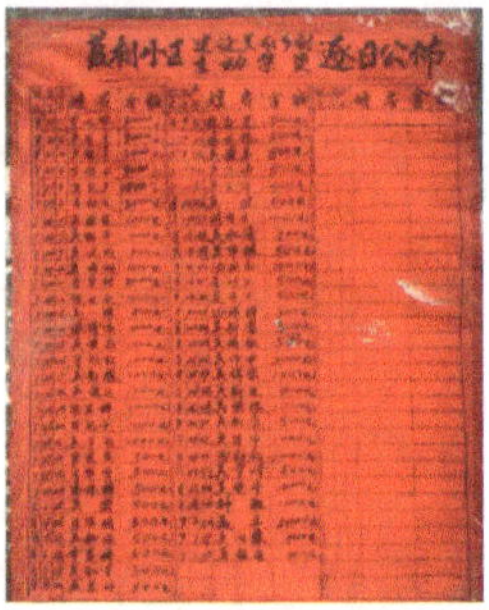

美丽乡村建设村民筹资

3.“恒心”推进，让治理效果做得实、做得好。村民之所以有动力愿意投入到长期治理工作中来，离不开“美丽乡村”带来的“美丽经济”。例如，竹联村低价值可回收垃圾收益全部作为保洁员的绩效奖励，在其建成的 3 处人工湿地生活污水集中处理系统中，末端出水就是清澈的水体，则完全保证了附近人家生活污水处理和农业灌溉需求。在此基础上，竹联村发展特色蔬菜、生态旅游观光等产业项目，农产品销售收入达到综合收入的40%，广泛调动了各方积极性。此外，竹联村结合本村生态资源实际，将产业进行优化布局，近年来，先后成立了诗画中州农业开发有限公司、官渡镇竹联村经济合作社、浏阳市桥坳土地合作社、蔗棚水果种植合作社等，用“旅游+”“生态+”等模式，推进农业产业与旅游、教育、文化、康养等产业深度融合，培育形成了稻螺共生养殖、唆螺佐料种植、摸唆螺做唆螺吃唆螺的官渡唆螺产业体系和吃农家菜、玩亲子体验、赏百花盛开、住客家民宿、购官渡素食菜的乡村旅游产业体系。

农村生活污水处理系统——人工湿地

小微水体——时光里渠道建设

小微水体——中州山塘建设

（二）工作成效

1. 基础设施建设提供了“强保障”。村域 16.5 公里主干道全部硬化，组级道路硬化率达 100%，既为村民生活提供便利，又有效避免了扬尘污染。全村道路和河道两边绿化率达 90%，庭院绿化率达 86%。村主干道路边全部安装太阳能节能路灯，共计 380 盏。在一户多宅清理工作中，坚持拆建结合，拆除后的空地，宜绿则绿，美化环境，切实改善人居环境。例如，利用村民旧房子打造成垃圾分类资源回收站、农耕文化展览馆、孔石泉将军生平事迹陈列馆。

中州屋场道路

孔石泉将军生平事迹陈列馆——红色教育基地（旧房改造）

垃圾分类分拣站（旧房改造）

农耕文化展览馆（旧房改造）

2. 人居环境整治交出了“好答卷”。垃圾分类深入推进，不可回收垃圾由村保洁员上户清运走，可回收垃圾由村民送至资源回收站兑换生活物资。全村 817 户农户均积极投身垃圾分类，全年投入垃圾治理资金 30 万元。近两年来，全村范围内开展厕所无害化改造，全村无害化厕所改造达到 710 座，其中 2019 年完成 150 座，全面完成全村旱厕清零工作。同时，通过依法关闭拆除，利用奖补政策做思想工作劝退、介绍就业和支持产业转型等措施，清退村内畜禽养殖户，目前全村没有存在污染的养殖户。

生活垃圾分拣站

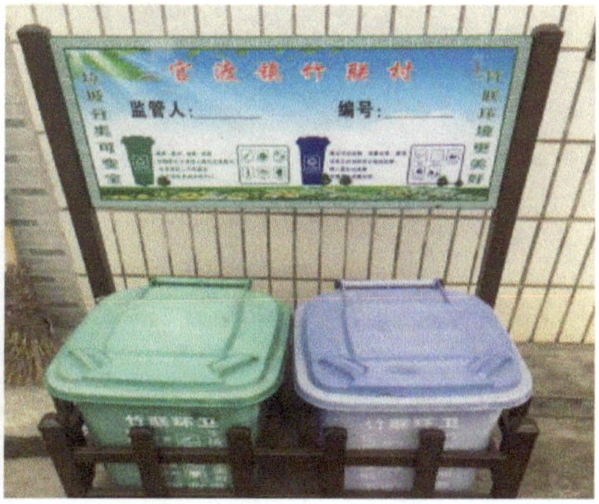

农户家生活垃圾桶

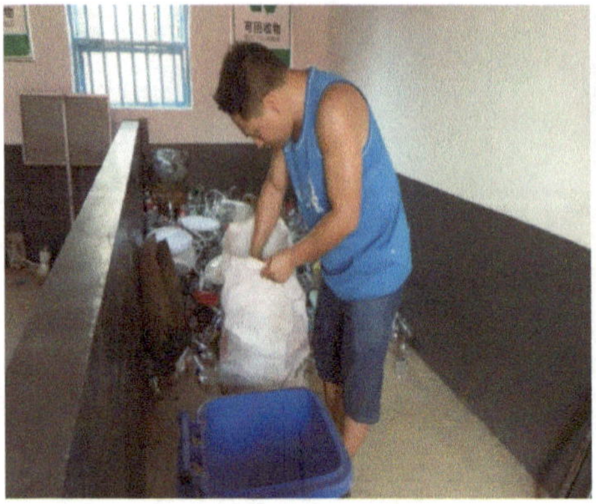

村民进行垃圾分类

垃圾回收车辆

竹联村改厕

三格式化粪池

四格化粪池

3. 产业绿色转型迈上了“新台阶”。结合生态环境治理工作，竹联村抓好三产融合，推动了产业转型，规划建成了五大园区：一是集农业生产、蔬果采摘、农耕文化、农事体验、客家特色餐饮、休闲垂钓、户外运动拓展及北欧风情小镇住宿等于一体的田螺小镇；以种花、养花、赏花、采摘为主题特色的田螺农园；以观光、采摘为目的的近500 亩蔬菜公园和水果公园；以文化感悟、农事体验、生活休闲、研学交流等为主题的浏阳时光里民宿园。产业的发展带动，促进了村民和村集体经济的增收，目前竹联村人均可支配收入达 3.38 万元，村集体经济收入也从 2013 年开始的 3 万元增长到 2019 年的 80 万元，为乡村振兴打下坚实基础。

田螺小镇

田螺农园

水果公园

浏阳时光里民宿园

三、经验启示

1. 要坚持党建引领。在党建方面推行“六个坚持”：坚持规划先行，高标准编制全村 2017—2030 年村庄规划；坚持依法治理，坚决按照上级要求、法治规定、村民需求等开展乡村治理；坚持共建共享，搭建“村集体 + 农户 + 企业”利益共建共享模式，形成利益共同体；

坚持示范带动，村级公共设施，如农耕文化展览馆、公共卫生间都由党员主动保洁、维护；坚持量化考核，对党员、发展对象、入党积极分子、志愿者等分类考核；坚持公开公示，严格执行“四议两公开”制度，闯出一条新时代乡村治理的新路子。

2. 要坚持村民共治。通过成立村民议事会、乡村振兴理事会、红白理事会、志愿者管护队、五老协会等多个自治组织，让他们积极履职，宣传各项生态环境保护及发展政策，为村级发展献言建策。如乡村振兴理事会在时光里屋场建设中 2 天就筹集捐款 90 多万元，号召村民义务投工投劳 806 个、无偿提供公共建设用地 10.2 亩；红白理事会开展移风易俗劝导活动 20 多次。在推进垃圾分类、环境卫生整治、生活污水治理、秸秆禁烧等工作开展中起到重要作用。

3. 要坚持创新导向。在小微水体管护、卫生保洁、垃圾分类上体现村级治理智慧，如精细管理、方式创新、智能治理等现代治理理念运用其中。卫生保洁实行分区分片管理，通过“保洁员车辆自购 + 村级补贴”的方式解决队伍不稳、保洁不力的难题；创新实施“垃圾银行”，除保洁员每天上户收购外，将每周五列入村民可回收垃圾集中回收兑换日，村民可按照垃圾重量兑换等价盐、醋等生活用品，极大激发群众的参与热情。

案例五

全面实施乡村振兴战略 倾力打造最美石烟塘村

湖南省永州市零陵区朝阳街道石烟塘村

实施乡村振兴战略是党中央对“三农”工作作出的重大决策部署。石烟塘村在上级党委、政府的领导下，把习近平总书记关于实施乡村振兴战略的重要论述作为根本遵循，从党建引领、环境整治、产业发展等方面入手，努力打造乡村旅游精品村、移民新村和文明创建示范村，取得了令人瞩目的成绩。

进村标语

乡村振兴宣传栏

一、背景情况

石烟塘村位于古城零陵区朝阳街道南部，东临潇水，南接凼底、富家桥，西靠 207 国道，北连沙沟湾社区，2015 年由原石伏塘村、烟竹塘村合并而成，共 14 个村民小组，总人口 1 752 人，其中南津渡水电站移民 165 人，党员 55 人。土地总面积 8.5 平方公里，其中耕地面积 3 500 亩，山村面积 8 000 亩，森林覆盖率达 60%，树木葱郁，烟笼民居，处于“永州之野”精品乡村旅游线路关键节点。交通便利，区位优势明显；民风淳朴，村民热情好客；山川秀美，村庄宜居宜游。

入村

村鸟瞰图

石烟塘村近年开展美丽乡村建设，得到了各级领导肯定，群众满意度高，2017 年被评为区级美丽乡村示范村，2018 年被列为省级美丽乡村示范村的创建点。目前共接待各种调研 200 余次，其中厅级领导 20 人次。2018 年共接待各类游客 3 万余人次，实现乡村旅游综合收入 200 余万元，村集体收入突破 30 万元，基本实现了山水绿、人文明的建设目标。

二、主要做法和成效

（一）因地制宜谋规划，紧盯目标不动摇

石烟塘村“两委”在充分摸清自身家底的前提下，精心布局搞好顶层设计，大力扶持和发展花卉、大闸蟹等产业基地，建设生态农庄。整个村庄按“三心一园”进行规划设计：在 1 组、6 组打造湘南地区

最大的康养中心；在3、4、5、8组发展1 200亩的中药材及花卉中心；在11、12、13、14组发展民居体验中心；在12、13、14组打造1 500亩集休闲、观光、采摘、旅游、餐饮于一体的生态采摘园。全村紧紧围绕既定目标不动摇，坚持“一张蓝图干到底”，一步一个脚印，努力建设有“青山、绿水、乡愁”的示范村。

村效果图

（二）党建引领增活力，村务公开凝人心

村党总支以加强村级基层组织建设为着力点，率先打造出“党建+美丽乡村”的工作模式，以党建引领增添工作活力。一是以党建引领全局，实现“党建+”。石烟塘村将“文明村创建”作为乡村振兴的有效切入点，列入村“两委”工作的重要议事日程，与经济社会发展同安排、同部署、同落实、同考核。同时充分发挥村党支部引领作用、村委会主责作用、村三中心人员主力军作用、村志愿组织创优作用。成立了村支书任组长的创建领导小组，制订了工作方案，细化了年度创建计划，明确了工作目标和责任分工，形成了支部统揽、各方配合的工作格局。二是充分发挥党员的先锋模范作用，形成创建合力。55名党员自觉设岗定责，担任文明劝导员、交通疏导员、卫生整治员、文明新风宣传员、村风文明监督员，先后开展文明创建集中活动60余次，重点培育和践

行社会主义核心价值观，开展文明素养和未成年人思想道德教育。同时一对一与孤寡老人、空巢老人、留守儿童、残疾人、贫困户和失独老人结对，定期到他们家中嘘寒问暖帮扶解困，坚持党员带头抓脱贫促攻坚，实现脱贫 29 户 110 人。三是推行村务监督和民主协商村务月例会。2017 年 10 月以来，石烟塘村坚持村务监督月例会工作，通过村务监督平台，村级财务月结月清，通过民主协商解决了一大堆群众反映强烈的操心事、揪心事、烦心事，权力在阳光下运行，为村务监督提供了“石烟塘”样本。村务实现电子网络全公开，主动接受群众监督，有力凝结了人心。村务监督月例会工作得到了中央、省、区、市各级领导的认可，湖南省纪委书记傅奎专程到石烟塘村调研并给予了高度评价。

农耕文化展览馆

端午节活动

入村口村规民约

两学一做

（三）文明创建聚合力，争先创优促进步

加大社会主义核心价值观意识，通过文明创建形成积极向上的合力，通过争先创优促进乡风进步。一是开展文明进农家、进学堂活动。创新宣传方式，传播文明新风。创建文明村以来，共召开各类会议 78 场次，开展入户宣传 1 600 余次，悬挂横幅 50 余条，书写永久性标语 36 条，电子显示屏游动播放 1 200 余次，组织“传承红色基因”活动 6 场次，张贴村规民约 370 张，张贴中华传统乡风民俗画 370 张，发放宣传资料 1 800 余份，制作各种固定宣传牌 78 块，特别是投资 20 余万元建成的高标准创文长廊，引来村民长久驻足观赏，成为石烟塘文明创建最美风景线。创文行动做到家喻户晓，妇孺皆知，让“创文”成为村民的自觉行动。同时开展“小手牵大手”活动。发放《致家长一封信》400 余份，开展创文进课堂 30 余次。二是设立道德讲堂、农家书屋、市民培训学校，为村民提供技能培训，扩展学习、培养情操的平台。村配有棋牌室、图书室、教育培训室、远程教育室、乡风民俗馆，购买了电视机、计算机、高清显示屏等先进设备为全村提供文化体育和娱乐场所，道德讲堂每季度开展一次，引导广大村民形成崇德向善、助人为乐的美德、传播社会正能量，形成移风易俗新时尚。三是扩建了文体中心和养老服务中心。村文体中心长期对外免费开放，村养老服务中心让老人实现老有所依、老有所养、老有所乐。四是传承农耕乡贤文明。建成了农耕乡贤文化馆。将农耕乡贤植入创文中，成为最具石烟塘文化的最美风景。五是搭建创文载体，开展村民自治。每年举办一次“文明户”“好婆媳”“五星级党员”评选活动，增强村民荣誉感和道德感。先后评选出“五星级党员”5 户、“文明户”10 户、“五好农家户”2 户、“好婆媳”3 户。同时，开展环保交通文明、平安巡逻、爱心助老助残活动，以实际行动践行核心价值观，传递正能量。积极开展志愿服务，组织各类志愿者活动 70 余场。全村共建立了 14 支志愿者队伍，注册志愿者队伍 160 余人，成立村民议事会、道德评议会、红白喜事理事会、禁赌协会、禁毒协会、文明创建督察

队、义务理发队、“户帮户亲帮亲工作室”、“五老说事室”、“五老”调解员。其中“五老”调解员工作受到湖南省委常委、政法委书记李殿勋同志的高度肯定。

（四）环境整治显成效，美丽乡村展新貌

一是开展人居环境整治及村庄清洁行动。村“两委”以创建省级乡村振兴示范村为契机，积极跑项目引资金，共投资 1 000 多万元，中心区域进行立面改造 40 户，美化、绿化 8 000 平方米，纳污管道 1 000 米，安装路灯 170 盏，放置垃圾桶 80 个，聘请保洁员 5 名，常天保洁，垃圾日产日清，改水改厕改圈 300 余户。村容村貌日新月易，焕然一新，一跃成为市区乡村旅游知名地和地理名片。二是多措并举抓防控，干群联动创平安。以村警务室为龙头，配备了 1 名辅警，组建了 20 人的村巡逻队，开展夜间巡逻和常见警活动，村设立了 6 个网络，开展群防群治，设立十户联防组 37 个，选准配强联防长 37 名，大大减少了治安案件的发生，社区居民安居乐业。安全生产警钟长鸣。对重点行业、重点单位、重点场所，每月定期检查并建立台账，及时消除安全隐患。计划生育管理人员落实、制度健全、档案齐备，育龄人群情况清楚。三是以生态振兴为重点，以人居环境整治为突破口，开展“五清、五改、五化”行动，基础设施完善，村庄房屋基本同色，庭院干净整洁，截至 2019 年 9 月，拆除空心房 21 座，拆除红砖厂 1 座，道路硬化 7.5 公里，新增绿化绿地 8 000 平方米，村主干道两旁建好绿化带，新种树木 4 000 株，新建文化和健身广场 3 000 平方米，率先实施农村禁燃和“门前三包”制度，农村生态环境基本好转。

石烟塘村环境整治前后对比

（五）产业兴旺强内功，形势喜人后劲足

以“公司 + 合作社 + 农户”模式，扶持现有花卉基地、生态农庄、大闸蟹基地，加大土地流转力度，把已流转的 4 000 亩土地实行集约化经营，建设农业产业龙头企业。现有烟竹农场、天一生态园两家生态农场，花卉种植基地 200 亩，蔬菜基地 600 亩。

（六）积极发展农旅经济

农民人均收入达 8 000 元。发展四星级家庭农场 2 家，花海种植 200 亩，蔬菜种植 800 亩，2018 年农民人均纯收入 23 000 元，现正在推进石烟塘田园综合体项目，产业发展后劲十足，前景广阔。

生态餐厅

石烟公路傍花卉基地

三、经验启示

1. 注重顶层设计，因地制宜谋发展。因地制宜强规划，坚持脚踏实地，坚持发展蓝图不动摇。

2. 突出党建引领，党员带动创先锋。通过支部带动、党员示范，以点带面，充分发挥党员先锋模范作用。

3. 深化文明创建，弘扬传统展风貌。深化文明创建工作，加强社会主义核心价值观教育，通过党风家风民风培育、继承、弘扬文化传统。

4. 狠抓环境整治，美丽乡村现新貌。以环境治理为契机，大力推进农村村“五改”工作。通过联防联控等，改善乡村人居环境。

5. 优化产业布局，探索发展新模式。积极探索新型农旅经济等发展新模式，促进当地产业持续向好发展。

案例六

创新乡村治理方式
助推乡村振兴发展

海南省万宁市北大镇

一、背景情况

北大镇是由禄马乡、北大乡合并及农垦改革后的少数民族聚居的乡镇。地处万宁市西北部，位于“二十三年红旗不倒”六连岭山脚下，地势西高东低，以山地为主，是中共万宁市委、万宁市人民政府最早所驻地。北大镇下辖2个居委会、19个行政村、2个镇农场，共18 374户64 600人，其中农村户籍人口6 564户23 296人。全镇行政辖区总面积共276平方公里，种植土地面积5.59万亩，水田9 427亩，林区18万亩，森林覆盖率达86%，水面面积6 123亩，水库6座，山塘48处。全镇粮食作物以水稻、玉米、薯类为主，热带经济作物主要有橡胶、槟榔、鹧鸪茶、荔枝、胡椒、咖啡、益智等，养殖业主要有山鸡、黑山羊、蜂、果子狸等。2018年全镇人均可支配收入9 136元。

欣欣向荣的北大村

村民在百香果基地劳作

北大镇是长寿之乡，2015年曾荣获海南经济生态文明之镇，富含大量富硒产品，素有“美丽天堂、度假胜地”之称。三条大河流和万洋高速贯穿而过。辖区景点众多：素有“海南无双”殊荣的尖岭天然温泉、海南古老武陵长城、白水岭瀑布、军田水库、土田红色旅游村、红军井、红军洞、红色广场、禄马田长寿村、省级小康环保示范村竹埇村、万宁槟榔城等。走进竹埇村，四周被竹林环绕，随处可见枝繁叶茂的百年古树，环境十分优美。禄马田村水质优良，具有得天独厚的长寿环境，是万宁市长寿人口最密集的自然村之一。

二、主要做法和成效

近年来，北大镇以习近平新时代中国特色社会主义思想和党的十九大精神为指导，全面贯彻实施乡村振兴战略。以乡村社会治理为抓手，不断筑牢基层战斗堡垒、积极发展特色产业和大力推进乡风文明建设等，村级事务管理进一步规范、乡风民风更加淳朴、农村社会更加和谐稳定。

（一）主要做法

1. 夯实基层基础，筑牢基层战斗堡垒。一是进一步加强组织阵地建设。为了补齐“党建阵地”场地和硬件缺失的“短板”，党支部借助省派定点扶贫单位海马集团的党建资源优势，由海马集团出资20万元，建成了党员服务中心。二是加强基层党员教育。北大镇党委以“不忘初心，牢记使命”专题活动为契机，多次召开党员代表大会组织全镇党员深入学习习近平新时代中国特色社会主义思想、党的十九大精神、习近平总书记“4·13”重要讲话及中央12号文件精神。在宣传党的方针政策的同时，与广大党员协商乡村振兴及开展乡村治理工作的方式方法。三是发挥基层党员先锋模范作用。积极引导北大镇尖岭村党员发挥先锋模范作用，以鹧鸪茶专业合作社为基础，建立党员与村民结对帮扶工作机制，向贫困户传授鹧鸪茶种植技术，激发贫困户内生动力。

红色北大创建活动启动仪式现场

北大镇尖岭村老党员发挥先锋模范作用，成立鹧鸪茶专业合作社

2. 推进移风易俗，树立乡村文明新风。针对北大镇少数民族聚居地村民素质良莠不一的现状，北大镇以尖岭村成立村级红白理事会、修订村规民约和发展乡村教育等为试点，通过“以点带面”推进全镇村风民风好转，进一步树立乡村文明新风。一是成立村级红白理事会。进一步规范全镇村级理事会管理服务内容，引导广大村民摒弃不合时宜、阻碍发展的传统观念，扎实推进北大镇精神文明建设，同时也成为全市乡村治理的有益探索。二是修订村规民约。北大镇认真指导尖岭村对原村规民约进行修订和完善，有效形成民事民议、民事民办、民事民管的新村规民约“红七条”和“黑十七条”，有效约束了村民的行为规范，也大大推动尖岭村乃至全镇的村风民风好转，同时该做法也得到全市大力宣传及推广。

3. 推进产业扶贫，带动农民增收致富。一是着力打造“北大百香果”特色品牌，通过引进龙头企业进行合作，铸造包含种苗、鲜果及再加工产品的综合型产业。通过传授百香果生产管理技能，引导村（居）委会、农户、农民专业合作社发展百香果庭院经济和标准化生产基地，有效带动北大镇农户产业致富，镇党委书记到各村召开百香果产业推荐会，向有意向的村民推广百香果种植，且充分利用各村（居）闲散荒坡荒地，以及推动槟榔黄化病较为严重的林地、坡地进行产业升级转型，提高农业增效，促进农民增收。二是探索天然橡胶价格（收入）保险。近年来橡胶价格持续低迷，村民收入大幅减少，危及镇村橡胶产业生存和发展。北大镇积极与中国人民保险公司万宁市支公司进行洽谈天然橡胶价格（收入）保险业务合作，以北大村所有的橡胶进行每亩 27 元的价格进行投保，不但推进了天然橡胶价格（收入）保险全覆盖工作，而且也让村民增收，更让村民恢复了割胶的积极性和信心。三是加强槟榔黄化病防治。北大村种植槟榔面积达 1 300 亩，黄化病严重影响槟榔产量及村民的经济收入。为克服村民对槟榔黄化病的恐慌心理和树立村民对槟榔黄化病防控信心，进一步推动当地村民大力发展槟榔产业提高收入，北大镇积极指导北大村村民采取“地下生态调控＋农业防治＋地上无人机统防统治”的方式进行槟榔种植和管理。

4. 整治人居环境，促进乡村建设与治理。一是严格执行“门前三包”制度。落实每周五定期开展人居环境整治机制，2019 年以来，组织全镇干部职工、全镇保洁员、城管、道班人员、各村（居）“两委”干部、群众等 1 500 多人次共同开展人居环境卫生整治活动。2019 年共出动 18 辆垃圾清运车，清理垃圾 98 吨，集中清除环境卫生死角 108 处。张贴禁止违规停车标语 350 张。二是扎实做好大气污染防治“六个严禁两个推进”。铁腕整治烟熏槟榔灶、木材加工厂，加大打击各类秸秆垃圾露天焚烧力度，扩大禁放烟花爆竹区域。大力整治“小散乱污”企业，整治镇辖区内砖瓦厂。2019 年以来拆除传统槟榔灶 11 起，拆除面积 2 617 平方米，打击非法挖沙 15 起，处置露天燃烧垃圾、桔梗事件 15 起，教育批评 15 人。

北大镇拆除传统槟榔灶

（二）工作成效

1. 大力发展乡村教育。北大镇高度重视乡村教育事业发展，以培养更多更好的人才投身乡村振兴事业为目标，在全镇范围大力推广尖岭村教育基金促进会的成功经验，支持各村成立村教育基金促进会。目前，北大镇尖岭村教育基金促进会已发放 3.2 万元资助品学兼优学生 5 名、贫困家庭学生 14 名，其中大专以上学生 12 名。全镇 19 个村委会均已因地制宜，制定了各村的村规民约，并结合贫困户红黑榜等制度，提高了村民自我管理、自我教育、自我约束能力，匡正群众价值观、树立乡村新风气。

北大镇尖岭村举办奖学金颁奖典礼

2. 贯彻落实“厕所革命”。组织各村（居）干部、驻村工作队、帮扶责任人进村入户对农村户厕情况和满意度进行排查，同时要求新建厕所统一使用注塑三格化粪池，严禁使用砖砌或井圈建设三级化粪池。2019 年，北大镇计划完成建厕 732 户，目前全镇农村常住农户卫生厕所改造竣工 721 户，占比 98.5%。已验收 287 户，占比 42.96%。

3. 大力发展百香果种植和黑山羊养殖。在省农业农村厅的指导帮助下，北大镇按照“一镇一业”的发展思路，通过“政府 + 企业 + 合作社 + 农户”的创新发展模式在北大村大力发展百香果种植，有力推进产业扶贫健康发展。270 余亩的北大村百香果标准示范基地由专业公司管理，统一种苗、统一肥料、统一技术、统一管理、统一销售，切实保护了村民及贫困户的利益。目前，北大镇百香果申请的“乐来百香”商标已审批。北大镇积极协调省农业农村厅投入800万元资金在北大村、军田村发展黑山羊产业并建立黑山羊养殖示范基地。同时，利用基地内林下空地，组织农户种植鹧鸪茶、斑兰叶、咖啡、可可等热带经济作物。目前已试验种植斑兰叶约4亩共10 000多株，长势优良，2019年北大村斑兰叶销售总额达1.9万元。

北大镇北大村百香果示范基地

北大镇北大村斑兰叶种植

4. 引导农户自足自给。北大镇发挥村特色产业的带动效应，带动北大村30多个脱贫户在村产业基地就业，42户脱贫户利用自家撂荒地和庭院种植百香果，5户农户在专业公司指导下发展圈养黑山羊，有效激发了村民勤劳致富的内生动力。同时引导北大村民大力发展自留地菜园经济，带动村民增收致富。充分发挥省农业农村厅帮扶责任人丰富的蔬菜种植技术优势，组织北大村91户贫困户利用闲置的撂荒地、坡地和房前屋后空地开辟菜园，种植各类蔬菜，有效拓宽村民增收致富渠道。

北大镇北大村黑山羊养殖示范基地

三、经验启示

1.“三地”——党建阵地、百香果种植基地、黑山羊养殖基地。北大镇扎实抓党建促乡村振兴，把农村基层党组织建成坚强战斗堡垒，让广大农村基层党员积极参与乡村振兴并为乡村治理工作献言献策。按照“一镇一业”的发展思路大力发展百香果种植和黑山羊养殖，既壮大了村集体经济收入，又实现了贫困户家门口就业和增加贫困村民的收入。

2.“三园”——槟榔园、橡胶园、自留地菜园。北大镇在槟榔、橡胶、蔬菜种植等传统农副产业上创新发展，推广槟榔优质高产栽培和管理技术，建立橡胶价格（收入）保险业务合作和引导村民发展自留地菜园经济，让村民的日子越过越红火。

3.“三会”——红白理事会、村务协商会、教育基金会。北大镇大力推进村民自治，指导各村修订完善村规民约，合理确定红白喜事消费标准、办事规模；依托村务协商会等，有效形成民事民议、民事民办、民事民管的基层协商格局；北大镇在全镇范围大力推广尖岭村教育基金促进会的成功经验，尖岭村和军田村已发放 7 万元村教育基金资助 53 名困难家庭优秀学子，有效促进了乡村教育事业发展。

4.“三新”——新超市、新人员、新面貌。北大镇积分兑换超市主要服务北大镇脱贫攻坚 19 名中队长和 395 名帮扶责任人及全镇上红榜贫困户，服务对象可凭积分卡换取物品。目前，有 23 个单位 63 人驻点北大镇及各村。各队员从“两熟悉”开始，与村“三委”干部融在一起、打成一片，一起学习、调研并研究解决问题。通过严格执行“门前三包”、每周五定期开展人居环境整治、“厕所革命”等各项整治人居环境制度，北大镇村容村貌实现了质的飞跃。现在的北大镇，无论是村主干道还是各农户家门前，处处都显得干净整洁，村民也养成了爱护环境卫生的良好习惯。

第四篇 西北地区

案例一

立足生态发展 增进民生福祉 助力乡村振兴新发展

陕西省宝鸡市陈仓区东关街道双碌碡村

一、背景情况

双碌碡村位于陈仓区城东 7 公里处，地处仰韶文化保护遗址，因村北新石器时代遗留下来的两个石碌碡而得名。2018 年上半年，与鲁家庄村、天官庙村、东高泉村合并，合并后全村 15 个村民小组 910 户 3 497 人。党总支下设 4 个支部 8 个党小组，现有党员 158 人，总面积 5.15 平方公里，耕地面积 2 190 亩。历年来，双碌碡村积极开展农村人居环境整治，建立健全长效机制，大力发展乡村旅游业产业，形成民居错落有致、街道整洁、绿树成荫、鸟语花香、经济发展、人与环境和谐相处、一片生机勃勃的农村发展景象，为实现乡村振兴奠定了坚实基础。曾先后获得中国乡村旅游金牌农家乐、全国生态文化村、陕西省美丽宜居示范村、陕西省卫生村、省级生态村、省级文明村、省级休闲农业十佳目的地、市级新农村建设五星村、宝鸡市休闲农业游十佳目的地、宝鸡市首届十大美丽乡村等荣誉称号。

双碌碡村樱花大道

二、主要做法和成效

（一）改水改厕一体化

双碌碡村从2012年起共实施农户改厕503户，2015年起按照村发展乡村旅游规划，逐年新建旅游公厕4座，自此农户统一告别传统旱厕，用上了干净整洁的水冲式厕所，极大地减少了农村生活污水污染物排放。在全区率先自费建设农村生活污水治理设施。村委会门口是一片荒草滩，为村上的脏乱差地带，且地势较低。结合实际情况，村委会组织村上退休人员设计、村民投工投劳建成400平方米、日处理污水200吨的生活污水处理设施，完善配套3公里的污水管网，实现污水集中收集处理，解决了污水乱排乱放的问题。一是因地制宜建设管网，每家每户出水端由出管道连接至街道主管网，后汇入污水收集管网；结合农村实际情况，在管网的设计走向上，选取的主要路径为在每家每户屋后接出一根总的入户排水管，并根据道路情况，以重力流方式沿屋后道路布置污水主次管道至污水处理池。二是因地制宜选择污水处理工艺。将村中生活污水蓄积，经过沉淀过滤净化，再流入种有荷花的氧化池，经净化后的污水用于浇树浇草，既美化了环境，又节约了水资源。

双碌碡村荷花池污水处理工程

（二）治脏治乱同推进

治理农村污水污染，还要大力开展治脏治乱、绿化美化工作。大力推进农村垃圾治理，全面推进卫生保洁机制，有序开展农村垃圾分类试点工作，设标准化垃圾箱 8 个、果皮箱 12 个、垃圾清运车 4 个，每家每户设有垃圾箱，同时加大垃圾分类宣传引导，最大限度实现垃圾资源化利用，减少垃圾排放。始终坚持农村人居环境边整治边建设，把“乱停乱放、乱搭乱建、乱拉乱挂、乱贴乱画、乱摆乱占”等“十乱”整治放在突出位置，累计投资 650 万

双碌碡村天然气入户照

元，硬化村庄街道，修建 3 500 平方米的休闲广场，新铺设沿石 1 200 多米，安装景观灯 100 多盏，太阳能路灯 33 盏，为农户门前绿化带更换不锈钢护栏 1 000 多米，极大地提升了群众生产生活水平和环境福祉。

（三）组织宣传同发力

按照“一家一户能办的事发动组织好，一家一户不能办的事建设服务好”的总体原则，一手抓农村人居环境改善，一手抓农民生活习惯养成。充分调动广大群众参与人居环境整治工作的热情。一是在统一思想上“见成效”，组织召开村“两委”会议、党员代表会议、村民组长和村民代表会议，让广大干部群众了解村规划方案及环境整治效果，通过“自上而下”会议宣传发动，重点解决党员干部的意识问题，进一步统一干群思想。二是在宣传发动上“见成效”，充分利用“组组通”广播、悬挂横幅标语等方式，积极宣传改水改厕、环境整治、乡风文明的意义，使广大群众逐步形成改善农村人居环境的共识。三是在自觉行动上“见成效”，坚持分期分批组织党员干部和部分村民代表到人居环境工作先进村参观学习，实地感受积极变化，实地学习先进经验，通过广泛宣传和学习，广大干群对农村人居环境工作有了新的认识，自觉性和积极性显著提升，为推动农村人居环境整治营造良好的社会氛围。

双碌碡村人居环境整治照

（四）机制健全保持好

多年来，双碌礡村在农村人居改善整治方面主要靠加强监管、引导、习惯改变推进环境提升。一是多方面争取资金。采取利用致富带头人垫资、整合多部门项目资金、企业扶持、群众投工投劳等措施，解决农村污水治理建设及运行资金问题。二是健全各项管理制度。村委会先后制定了多项农村人居环境管理制度，安排专人加强检查督办整改，减少垃圾、秸秆等影响农村生活污水的面源污染问题。三是环境的改善促进了群众良好生活习惯的养成。环境的改善，促进了双碌礡村农家乐、垂钓等方面的经济发展，群众的钱袋子鼓起来了，群众受益于良好的环境，逐渐养成了良好的生活习惯，促进了农村生态文明建设。加强生态文明建设，有力地推动了双碌礡村经济持续、协调、快速发展。

双碌礡村民俗接待中心

（五）特色产业促振兴

乡村振兴离不开产业带动，双碌礡村立足生态优势，充分发展特色产业，有力助推乡村振兴出实效。一是坚持以卫生村、生态村创建为重点，不断提升和改善环境质量，为发展农村特色旅游产业奠定坚实基础。2015 年，双碌礡村被陈仓区确定为全区唯一的乡村旅游示范村。二是依托西临虢镇城区、南依西宝中线的区位优势，科学布局规划，投资 1.2 亿元，建成以民俗风味餐饮、休闲娱乐观光为主的民俗接待中心，解决农村剩余劳动力 120 余人，日接待游客 1 500 人，年产值达 230 万元，有力带动了周边经济发展。三是发展水产养殖项目助力脱贫攻坚，先后投资 49 万元，建成水产养殖产业园，2019 年 9 月已全面投产运行。同时，吸纳 24 户贫困户入园，并签订入股分红协议，每年可带动困难群众增收 1 000 余元。

双碌礡村水产养殖园分红

三、经验启示

1. 要建立健全环境保护的管理长效机制，找准制约环境发展的重点难点问题，结合实际制定有针对性的解决办法，提高环境治理的效能，有效改善群众生产生活环境，让群众切实感受到环境保护所带来的变化。

2. 注重提高群众的生态环境意识，养成保护环境的习惯。通过大力宣传引导，改变群众以往的思想观念，通过建立奖补激励制度，鼓励群众自觉参与，形成环境保护的合力。

3. 立足环境优势，大力发展特色产业。培养与生态环境保护相适应的特色产业，在带动群众增收致富的同时，有力助推乡村振兴、脱贫攻坚，充分发挥生态环境对经济社会发展的带动作用，使绿水青山真正变为金山银山。

案例二

文殊镇生态环保
助力乡村振兴驶向“快车道”

甘肃省嘉峪关市文殊镇

青山为屏，碧水为镜。近年来，嘉峪关市文殊镇党委、政府牢固树立和践行“绿水青山就是金山银山”的发展理念，认真贯彻落实党中央和省、市生态环境保护重大决策部署和习近平总书记视察甘肃重要讲话精神，准确把握生态环境保护新形势、新任务和新要求，按照“天蓝、水清、地绿”以及“宜居、宜业、宜游”的总体要求，深入推进镇域人居环境综合整治、植树造林、生态保护等工作，全面助力乡村振兴驶向“快车道”，实现乡村振兴新跨越。

一、背景情况

文殊镇位于嘉峪关市区东南，文殊山北麓，东与酒泉市相连，南靠祁连山，与张掖市肃南县祁丰区为邻，镇域面积134平方公里，耕地确权总面积25 860亩，可利用戈壁面积13 915亩。文殊镇下设6个行政村，41个村民小组，2 092户共7 476人。镇政府先后荣获“全国法制宣传先进单位”“甘肃省劳动关系和谐乡镇”“创建全国文明城市先进单位”，文殊村荣获“全国文明村”，河口村荣获“全国特色民居村”“甘肃省省级文明村”等荣誉称号。

文殊镇水资源较丰富、日照时间长，全镇以城郊型农业为支撑，大力推进特色农业种植和休闲观光农业发展，农作物病虫害发生较轻，农产品产量高、品质优，“食用菌、精细蔬菜、林木育苗、温室果品、高效制种、特种养殖”等六大农业产业稳步推进，产业结构合理优化。2019年，全镇完成社会总产值2.6亿元，人均可支配收入达到20 180.75元。

二、主要做法和成效

（一）以制度保障为“支撑点”，让乡村振兴“动起来”

文殊镇把生态环境保护工作摆在重要议事日程，严格落实环境保护“党政同责，一岗双责”，对全镇环保工作实施网格化管理。一是完善制度建设。镇政府把环保工作列入年度重点工作之一，大力推进工作规范化、程序化运行，制定了《文殊镇环保工作制度》《文殊镇

人居环境整治评比公示栏

环境保护网格管理制度》《文殊镇环境卫生管理细则》《文殊镇农村公共环境及卫生综合整治工作考核办法》《文殊镇“门前五包”实施办法》等工作制度，各村组严格执行制度规则，确保工作不落空、不走样、有成效。二是加强监督力度。镇环境保护工作领导小组定期对全镇环保工作情况开展督察，主要督察网格内空气污染、固体垃圾随处堆放、污水排放、土壤污染等环境问题，对督察出的问题，要求各村采取有效措施，网格员充分履行工作职责，限期达到整改成效。三是建立考核机制。镇政府把《环保工作目标责任书》《秸秆禁烧目标责任书》等纳入年底考核范围，并把平时督察结果作为年底考核的重要指标，严格奖惩，激发各村的工作热情，促使全镇环境保护工作走上常态化、规范化、制度化轨道。

（二）以环境保护为“突破口”，让乡村振兴“活起来”

农村人居环境整治工作开展以来，文殊镇主动提高政治站位，强化组织领导，压实主体责任，狠抓工作落实，各项工作进展顺利。一是持续开展“全域全城无垃圾”创建工作。常态化开展环境卫生集中整治，2019 年以来，全镇共出动人力 8 292 余人次，动用机械车辆 1 628 辆次，共清理镇域内铁路、公路、渠道 186 公里，清运生活、建筑垃圾 9 100 余吨，整治卫生死角 230 处，镇村面貌持续提升。二是环保联动形成良好习惯。镇村按照“预防为主、防治结合、综合治理”原则，逐级落实环保责任，着力构建属地负责、监管到位、服务到位、沟通到位的常态化环保监管联动机制，转变在田间地头焚烧秸秆、焚烧黑白塑料的生产习惯，鼓励回收再利用；加

居民点后墙后路村容村貌

强农村面源污染普查防治，禁止使用高毒农药，减轻土壤污染，形成全镇生态环境保护的整体氛围。三是扎实开展绿化造林。开展2019年农村造林及居民点“四旁绿化”工作，完成农村造林53.9亩，在居民点房前屋后、道路两旁、庭院周围栽植苗木、花卉，总投资116.7万元；种植海棠、杏树、山楂、毛柳等树种，绿化面积达163.23亩，加快了村庄绿化步伐，营造了生态绿色家园。四是全面推进河长、路长制。全面落实河长、路长巡查制度，开展河道巡查120余次，排查隐患60多处，已全部完成整改。全面启动河湖清洁行动，共组织党员、干部、清洁员850余人，清理河道内垃圾290余吨，全面改善了镇辖区内水域环境，为乡村振兴添砖加瓦。

（三）以项目建设为“发动机”，让乡村振兴“兴起来”

近年来，文殊镇积极争取中央、省、市资金，以项目建设为依托，着力补短板、强弱项，不断改善乡村生活和生产条件，筑牢乡村振兴基础。一是开展“项目建设攻坚年”活动。推进997户户用厕所和农村污水处理设施改造，27个文化室电暖改造，100户厨房和灶台环境改造，5个社区服务中心建设项目，持续推进河口乡村旅游休闲一条街项目建设，实施6个村41个村民小组农村饮用水安全提升巩固工程，积极推进河口村高标准农田整治项目，全镇基础设施逐步完善。二是开展“三拆三清三创建”专项行动。采取内外、前后、上下、点面相结合的“两分清两处理”工作方法，攻坚克难，对文殊镇2 057户农户院落及周边环境进行全面清理整治。严格按照“突出农村风貌、融入文化元素、体现乡风文明”的整治工作要求，扎实推进4个村13个

以书法为元素开展居民点亮化工作

村民小组 571 户的后墙后路建设任务，同时，以书法和绘画为主要元素，完成了居民点外墙的美化亮化工作，扮靓美丽乡村。三是推进清洁能源替代工作。为切实改善全市空气质量，文殊镇开展了 10 蒸吨以下燃煤小锅炉淘汰工作，并对镇域内生产加工企业、养殖小区燃煤锅炉采取了断水断电、烟囱落地等封停措施。四是推进冬季清洁取暖改造。为营造村庄秀美、空气清新、干净整洁的生产生活环境，扎实推进 1 022 户冬季清洁能源改造，在改善环境的同时切实提高了广大群众的幸福感和获得感。

（四）以绿色农业为“新动能”，让乡村振兴“火起来”

文殊镇紧紧围绕市场需求，积极调整产业结构，以农业供给侧结构性改革和省委、省政府关于河西戈壁农业发展意见为导向，探索发展戈壁农业，着力发挥园区高效生产、科技示范、农户带动、科普教育、休闲观光等基本功能，并与农业有机结合，形成了“种养加”高度融合的现代综合型农业。戈壁现代农业示范园占地面积 5 000 亩，计划投资 9.4 亿元，建设大棚 1 050 座，该项目由 8 家涉农企业分别建设，以“园区 + 专业合作社 + 农户”的营运模式，致力打造农业科技规范化育苗、高效设施农业生产示范、花卉苗木生产繁育、特色林果基地建设、农产品加工储藏和农业旅游休闲发展的现代农业综合发展园区。项目建成后，预计可实现年产值 2.5 亿元，税收 4 000 万元以上，解决就业 2 000 余人，带动人均增收 3 万元以上，是加快农业转型升级、拓宽农民增收渠道、推动城乡融合发展的亮点工程，激发了农户发展休闲农业的积极性，推动了戈壁农业发展，使昔日的“戈壁滩”，变成了今日的“赛金滩”。

游客在戈壁现代农业示范园内采摘油桃

三、经验启示

1. 发展现代农业，实现产业振兴。一是积极推进农业招商引资，整合农村优势资源，引大商、引好商，培育有潜力、有实力、有能力的农业发展产业和业主。二是持续加大土地平整力度，实现“多处变一处、小块变大块”，便于流转，便于招商，推动农业集约化、规模化发展，有效节省生产成本，解放劳动力，提高土地亩收益。三是不断推广科技兴农，着力争取引进科技项目，创新发展科技农业、智慧农业，加快推进农业现代化步伐。

2. 加快乡村整形，建设聚居乡。一是借助国家农村人居环境整治三年行动，实施“千村美丽、万村整洁”行动，持续开展全域无垃圾创建行动，开展农村绿化行动，有效清理农村垃圾，规范农村生产生活资料存储，开展农户庭院卫生整治，培养农民干净整洁的卫生习惯，让农庄美起来。二是结合全域旅游示范城市创建，深挖资源优势，结合自身优势，围绕近郊休闲农业，把发展乡村旅游和改善人居环境相结合，结合“三变”和宅基地三权分置，搭建农村股权交易平台，建立股份合作机制，健全农村土地市场体系，实现农地转包、抵押、出租、入股、互换的有序开展，鼓励发展旅游产业，建设宜居宜业农家小院，吸引市民来体验乡村生活，感受田园风光，回味逝去的乡愁，让农民富起来。

3. 奋进新时代，壮阔东方潮。在习近平新时代中国特色社会主义思想指引下，文殊镇将持续推进乡村振兴战略，以生活富裕为根本、产业兴旺为重点、生态宜居为关键、治理有效为基础、乡风文明为保障，全面推动农业农村转型升级，让农业成为有奔头的产业，让农民成为有吸引力的职业，让农村成为安居乐业的美丽家园，一幅“农业强、农民富、农村美”的瑰丽画卷，正在绿水青山间徐徐展开。

案例三

坚持生态优先　发展绿色产业助推乡村振兴

甘肃省华亭市砚峡乡东沟社区

一、背景情况

甘肃省华亭市砚峡乡东沟社区位于华亭市西北部，距县城 18 公里，辖 5 个居民小组，现有居民 289 户 998 人，其中党员 49 名。有耕地 4 210 亩，其中粮田 3 422 亩，人均粮田约 3.5 亩。有东沟村煤矿、华都商务有限责任公司、怡都生态餐饮苑和天源生态养殖场 4 户集体企业，社区集体经济积累 1.6 亿元，社区居民人均纯收入 1.2 万元。近年来，先后被华亭市委、市政府授予“经济强村”“先进基层党组织”“先进村（社区）”，被平凉市政府授予“计划生育示范社区”“和谐社区”等荣誉称号，2019 年被列为华亭市“乡村振兴示范村”。

二、主要做法和成效

社区按照“产业兴旺、生态宜居、乡风文明、治理有效、生活富裕”的总要求，积极发展生态产业，大力开展人居环境综合整治，实施了美丽乡村建设、村容村貌提升、特色种养、乡村旅游等发展项目，推动了经济、社会、文化、生态文明等各项事业全面发展并取得显著成效。

（一）树立生态导向，强化“绿水青山就是金山银山”理念

一是大力宣传，增强生态文明意识。大力弘扬生态文明价值观，以群众精神文明创建和道德实践活动为载体，通过发放宣传资料、设立专题宣传栏和微信公众号等方式，深入开展生态文明建设宣传教育，让保护生态、节约资源、拒绝污染等生态文明意识深入人心，使“绿水青山就是金山银山”理念成为群众生产生活的思想指引，有力形成了崇尚自然、爱护环境、勤俭节约、文明健康的良好风尚。二是积极动员，鼓励群众全民参与。采取党员群众结对共建、联创共建的包联机制，充分发挥共青团、妇联和社会组织作用，组建了60人的生态环保志愿者队伍，动员引导群众转变观念。通过帮教带领，社区群众对家乡绿色生态资源的漠视态度发生了明显转变，依托生态资源发展绿色产业的资源自信、生态自信和文化自信明显增强。

东沟社区人居环境治理宣传标语

（二）筑牢绿色之基，改善人居环境

一是加大生态环境保护力度。社区确定了“建设山清水秀、宜居宜业”的生态绿色东沟发展目标，大力开展了荒山造林、河道治理、水土流失治理等生态环境修复和保护工作。近5年来，累计完成绿化造林1.2万亩，森林覆盖率达到70%。修复治理河道2.3公里，修建防洪拦水坝5座，河床铺垫卵石500平方米，砌筑河堤1 000米，沿河栽植绿化树种5公里。二是实施美丽乡村建设工程。制定了村庄建设规划，全力实施美丽乡村建设。按照红瓦白墙的统一标准，改造社区群众房屋146户876间，砌筑户内围墙1 572.8米，硬化群众院坪巷道6 867.17平方米，硬化社区道路1.8公里，安装太阳能路灯39盏，修建绿化带2 600平方米，彩绘文化墙430平方米，修建文化广场2处，安装健身器材10套（件），设置文化宣传栏、广告牌10余处，并配套完成水、电、路、网等基础设施建设，社区水、电、路设施覆盖率达到100%，网络覆盖率达到95%以上。三是开展人居环境综合治理。积极开展全域无垃圾治理，全面推行垃圾分类管理，实施卫生厕所改造和村庄“三化”工程，成立了社区环境保护理事会，健全了环境保护和环境卫生管理制度、垃圾分类制度、户内卫生门前“三包”等制度。配套建成“三点三场”（厨余垃圾沤肥点、不可回收垃圾投放点、废旧农膜回收点、柴草堆放场、建筑垃圾堆放场、粪土堆放场）共600平方米，户内配发分类垃圾桶289只，公共区域设置垃圾收集点20余处，社区80%以上的生活垃圾得到了有效处理。新建、改建卫生厕所40户，社区卫生厕所使用率达到95%以上。沿环村道路栽植种植樱花、木槿、连翘、冰岛虞美人等绿植花卉16 000平方米。组建了社区保洁队，制定了卫生保洁制度，建立了“千分制考评”管理机制，全天候对辖区内环境卫生进行清理，确保了社区环境卫生整洁有序，人居环境大幅改善。

东沟社区美丽乡村建设

（三）培育生态产业，推进绿色发展

社区紧紧围绕“农业增效、农民增收、农村发展”目标，积极探索出了“生态 + 农业 + 旅游”产业融合新路径。一是大力发展特色种养产业。以发展特色产业作为产业提升的有力抓手，不断推动产业多元化发展。建成了天源生态养殖场，生猪养殖规模达到 5 000 头，年经济收入 450 万元，带动社区群众 20 户。招商引进“慧源”“陇跃”“陇

兴子午岭”和“中兴堂”4户龙头企业，规模化开展林麝、黑山羊养殖和油用芍药种植。同时，为扩大林麝养殖产业规模和延伸产品链条，计划建成集养殖、研发中心和企业孵化基地为一体的产业园区1处。二是大力发展乡村旅游产业。打造了以绿色生态、休闲养生、农事体验为特色的东沟“小渔村”乡村旅游品牌，涵盖“六区一带”（休闲垂钓区、养生餐饮区、户外娱乐区、动物观赏区、农事体验区、特产展售区和生态观光带）功能区，带动群众就业、创业100余人，产业年收入100余万元。同时，为进一步丰富旅游项目，社区实施了200米七彩滑道、木质长廊和3 000平方米游乐场等旅游项目，购置安装网红秋千、旋转跷跷板、荡桥、“愤怒的小鸟”、七彩轮胎攀爬架、人体弹弓蹦床、碰碰球等简易娱乐设施10套。

“小渔村”乡村旅游产业

（四）创新体制机制，助力乡村振兴

一是创新推进机制。通过健全制度、压实责任、强化抓手，积极把生态优势转化为产业发展优势，建立月调度、季通报、年考评工作制度，着力构建定责、督责、述责、考责、问责“五位一体”的责任机制，扎实推进生态环保和产业发展各项工作落实。二是创新引领机制。建立“党建+”促乡村振兴机制，推行支部推动、党员带动、能人引领、结对帮扶的“四型”模式，充分发挥党支部引领作用。三是创新保障机制。重点加强资金保障力度，通过节省和压缩各方面开支、争取项目资金等措施，积极为生态环保和乡村振兴工作提供有力的资金保证。

三、经验启示

东沟社区坚持以习近平新时代中国特色社会主义思想为指导，全面贯彻党的十九大，十九届二中、三中、四中全会精神，牢固树立和践行“绿水青山就是金山银山”理念，坚持以生态环保助推乡村振兴，加快推进生态建设产业化、产业发展生态化，依托生态优势、资源优势、人文优势，大力发展特色农业和乡村旅游产业，社区经济、社会和生态效益明显提升。

1. 树牢生态理念，坚持绿色发展。要在“绿水青山就是金山银山”理念的指导下，坚持绿水青山就是乡村发展的最大优势，坚持生态富民的绿色发展道路，充分发挥新发展理念对乡村振兴的指导作用和驱动作用，引导群众全民参与，加强乡村振兴过程和成果的共建共享，切实提升群众的获得感、幸福感、安全感。

2. 挖掘生态资源，创新建设模式。在充分尊重乡村自然生态、人文历史、民俗习惯的基础上，以打造田园综合体为方向，改变传统乡村的生产生活方式，实现经济、社会、文化、教育、环保、旅游等多功能聚合，让乡村面貌焕然一新。打造兼具历史感与现代感的新型乡村，让乡村真正成为“看得见山，望得见水，留得住乡愁”的美好所在。

3. 发展绿色产业，推动产业融合。产业兴旺是乡村振兴的首要目标，大力发展绿色、生态产业，结合当地资源禀赋的特点，以“农业+”“旅游+”为主线，通过打造农业新产业、新业态、新模式，促进农业产业链和价值链的延伸，让绿水青山、田园风光、乡土文化等自然资本加快增值，逐渐实现一、二、三产业的融合发展，以推动乡村产业实现多种业态创新。

4. 创新体制机制，强化保障措施。在创新制度、资金等体制机制的基础上，要充分发挥乡村绿色产业对专业人才的吸引和集聚作用，实现产业引才。将招商引资与招才引智深度融合，形成人才带项目、项目带人才、人才带人才的良性循环，强化人才支撑，从引人、留人、用人等多方面发力，为乡村振兴和生态保护提供有力的人才支撑。

案例四

生态环保助推乡村振兴

青海省海西州格尔木市唐古拉山镇长江源村

自2016年8月22日习近平总书记视察格尔木市唐古拉山镇长江源村以来，在以习近平同志为核心的党中央的高度重视和亲切关怀下，在省州党委、政府的正确领导和支持帮助下，长江源村广大干部群众牢记总书记嘱托，努力以实际行动和显著成效回报总书记的关怀和厚爱。

一、背景情况

格尔木市唐古拉山镇地处青藏高原腹地，三江源自然保护区内，是纯藏族聚居镇。2004年11月，唐古拉山镇128户409名牧民群众积极响应国家三江源生态保护政策，搬迁至格尔木市南郊建立移民定居点，2006年8月民政部门正式将移民村批准为唐古拉山镇长江源村，占地面积525亩，为纯藏族村。目前，全村共有230户581人，其中敬老院五保户12户，残疾人37人。全镇辖区面积4.8万平方公里，实际使用面积1.6万平方公里，其中可利用草场面积1 789.12万亩，草场利用率为48%，禁牧面积501.1万亩，草畜平衡1 288.02万亩。近年来，唐古拉山镇依托民族特色和青藏线入藏必经之地优势，着力发展民族特色旅游和特色产业，沱沱河牦牛、藏羊通过了国家农产品地理标志认证，当前全镇牲畜存栏7.16万头（只），其中牛2.51万头、羊 4.1 万只、马 0.55 万只、出栏率 36%，商品率 34%；2019 年牧民人均年纯收入达 27 122 元，较 2016 年的 20 943 元年均增长 9%，较搬迁时翻了十几倍。长江源村 2016 年被评为海西州三基建设先进集体，2017 年被评为海西州民族团结进步示范单位，2018 年被评为全国民主法治村，2018 年被评为全国民族团结示范村，2018 年被评为省级乡村振兴示范点，2019 年被评为省级生态文明示范村。

长江源村鸟瞰图

二、主要做法和成效

遵照习近平总书记调研时提出“保护三江源是党中央确定的大政策，生态移民是落实这项政策的重要措施，一定要组织实施好”的要求，牢固树立生态保护优先理念，着力加强长江源头生态环境保护。

长江源村村口

（一）坚持生态优先

一是修订完善生态发展规划。编制完成唐古拉山镇国家重点生态功能区产业准入负面清单，强化“一纵一横一点”与三江源国家公园的契合，编制完成《唐古拉山镇总体规划（2019—2035 年）》和《长江源村村庄规划（2019—2030 年）》以及唐古拉山镇长江源生态第一镇（特色小镇）。二是全面开展生态环境保护活动。在 109 国道沿线设立 8 个垃圾收集站，安装 140 个环保垃圾回收桶，建立 6 个旅游服务驿站，进一步增强了牧民群众和过往游客的生态环保意识。同时，国土、环保等部门经常深入乌丽、开心岭等地，就辖区环境卫生、滥采滥挖破坏草原生态等情况进行督察，不断加大长江源头生态管护力度。林业部门以生态治理和修复为重点，加大森林、湿地、野生动植物保护力度，聘任牧民草原生态保护管护员 597 人、湿地管护员 101 人。三是全面落实生态奖补政策。认真落实禁牧和草畜平衡政策，严格兑现奖补资金，持续加强禁牧草原的巡护管护工作。2011—2019 年向牧户发放禁牧、草畜平衡及生产资料补贴等资金 2.45 亿元，禁牧草

部署环境卫生整治

原 501.1 万亩、草畜平衡 1 288.02 万亩，草原生态环境得以恢复，生态功能逐步加强，产草能力提高 5% 左右。四是推进河（湖）长制。对辖区内的河湖进行登记，完善河（湖）长制藏汉双语版公示牌，认真开展河流巡护工作。2019 年，镇级河长巡河 50 人次，村级河长巡河 35 人次，民间河长巡河 600 人次，开展清河湖行动 12 次，微视频荣获全国首届“守护美丽河湖”微视频公益大赛三等奖，两名同志分别荣获全省优秀河湖长和优秀民间志愿者先进个人称号。

（二）增进民生福祉

1. 加强政策支持，增加群众收入。全面推进村集体经济“空壳村”清零，实施了中央财政补助范围行政村发展壮大村集体经济项目、格日罗村和长江源村沱沱河大型停车场服务用房项目、玛尼石雕刻、民间手工艺品和藏式工艺品展示等项目。2019 年年底，唐古拉山镇 7 个村集体经济收入均达 15 万元以上，比 2016 年的 3 万元翻了 5 倍，“空壳村”清零任务完成率达 100%。长江源村畜棚、藏毯厂、饲草料基地和汽车站四个租赁资金分红给 128 户村民每年 362 元；沱沱河 9 间门面房租金收入平均分给 7 个村每年 3.6 万元；长江源宾馆租金平均分给 7 个村，每村每年 8 571 元。按规定及时足额发放草原生态保护奖补资金，每年对草原、湿地生态保护管护员发放管护补贴 2.16 万元；对生态搬迁户 16 岁以下 55 岁以上困难牧户每年每人补贴 5 600 元；对生态搬迁户每年每户补贴 3 000 元的燃料费。唐古拉山镇无建档立卡贫困户，长江源村、格日罗村、要盖村三个贫困村全面摘帽，提前迈入小康社会。

入村长廊

2. 推进项目建设，夯实发展基础。以畜牧业为支撑，以第三产业为主导，大力发展文化旅游业，积极推进民族风情园、西王母瑶池景区道路、野生动物观测站、长江源星空拍摄基地等项目建设，着力打造集生态保护、观光体验、民族文化为一体的高原特色生态旅游圈。以高原美丽乡村建设、打造特色小镇和省级乡村振兴战略示范试点村为抓手，不断加大资金投入，高标准、全方位开展基础设施、公共服务项目配套建设。2011年以来，累计投入2.6亿元实施了54个建设项目。2019年投入1.04亿元，开工建设长江源村道路改造项目、藏家民俗文化传承基地建设项目、长江源村综合服务中心项目、长江源村环境整治项目（一期、二期）、沱沱河停车场服务用房建设项目、长江源村农贸市场升级改造项目、长江源村敬老院改造项目。唐古拉山镇沱沱河地区镇区过境路道路整治项目总投资1 600万元，正在开展项目前期工作。唐古拉山镇被评为2019年美丽乡镇。加快设施畜牧业发展，打好高原绿色有机牌，唐古拉山牦牛、藏羊通过国家农畜产品地理标识认证，知名度和影响力显著提升。

政策宣讲

3. 注重民生改善，牧民群众生活得到充分保障。始终把保障和改善民生、加强社会治理作为头等大事，进一步加大唐古拉山镇卫生院建设力度，建成唐镇“藏医馆”，实现农村牧区新型合作医疗参合率达 100%，养老保险参保率达 100%。投入 314 万元新建了长江源幼儿园，改变了长江源村无幼儿园的历史；全镇义务教育阶段巩固率达到 100%。加大农牧民技能培训，对 45 岁以下牧民群众开展农牧业新技术、畜牧产品加工等内容的创业培训，先后培训牧民群众 402 人次。建设农贸市场、文化长廊建设项目、村史馆、敬老院，改造了长江源村天然气管网、给水管网、路灯亮化等，通过实施一系列惠民项目，基础设施和基本公共服务更加完善。加强村级治理，创新推行“三联两巡”和“三网三所”维稳长效机制，确保了社会和谐稳定，牧民群众幸福感和安全感越来越强，生活更加自尊自信。

村史馆

三、经验启示

1. 乡村振兴 + 生态环保。2004 年搬迁后，村民的生态保护意识越来越强，实现了从“国家给钱让我保护”到“自觉自发保护”的转变。放下牧鞭的牧民正逐步从草原利用者转变为生态保护者与红利共享者，人与自然在这里和谐共生。村民住进新居后，珍视呵护身边的每一处绿地每一片花海，建设生态宜居环境成为每个人的责任。在格尔木市长江源村，房前屋后、村头村尾随处可见的云杉和柏树，还有门前和道路旁密集交织的灌木，成为生态宜居的元素。“每个星期六，我们都会以小组的形式来打扫村里的环境卫生，还会评比卫生情况，对先进授予流动红旗。要是打扫不干净就丢脸了。”担任小组长的牧民说。如果夏季走在长江源村整洁的道路上，路边的绿化带郁郁葱葱，更令人赏心悦目。绿化带的空隙里，鲜花把长江源村装点得美若仙境。

2. 乡村振兴 + 民族特色产业铺就产业发展之路。从过去的靠天吃饭，到生态移民搬迁，到享受国家草原奖补政策，再到“等、靠、要”思想观念的转变，在村“两委”的带领下，长江源村不断开拓出更多新的发展思路，牧民身份发生了新的转换，一个个致富带头人不断涌现，这些都是长江源村生产方式转变的一个个缩影，思想的转变让他们的生活更加富裕了，让他们的生活更加有了奔头。随着长江源村牛羊肉加工车间、民族风俗馆、沱沱河停车场、村史馆等建立，长江源村探索出了一条具有民族特色的产业振兴示范推广道路。

案例五

壮大优势产业　整治人居环境
助推乡村振兴战略在
贫困村落地生根

宁夏回族自治区吴忠市盐池县花马池镇盈德村

一、背景情况

宁夏回族自治区吴忠市盐池县花马池镇盈德村是一个纯移民村，下辖 4 个自然村，全村总面积 3.48 平方公里，耕地面积 4 206 亩，504 户 1 348 人，共有建档立卡贫困户 132 户 375 人，2014 年识别的贫困发生率为 28.44%。

盐池县 1936 年 10 月解放，是陕甘宁革命老区的重要组成部分，在革命战争年代为民族独立和人民解放做出了特殊贡献。但由于地处我国内陆地区，加上自然条件限制，经济发展缓慢，2018 年以前仍属国家级重点贫困县。县域地处毛乌素沙漠边缘，与陕西、甘肃、宁夏、内蒙古四省（自治区）交接，是我国鄂尔多斯台地向黄土高原的过渡带，是典型的半干旱区向干旱区的过渡区，是农区向牧区过渡的交错带。盐池县常年大部分时间受西北气流控制，属典型的大陆气候，气候干燥，雨雪稀少，日照充分，风大沙多，多寒流。恶劣的自然条件，使得盐池县植被稀少，沟壑纵横，自然资源贫瘠。全县国土面积 8 522 平方公里，人口 17.4 万人，单位面积承载力不到 20 人。

村民采摘黄花

盈德村是盐池县唯一一个由从西海固和毛乌素沙漠腹地等生态环境脆弱、生存环境恶劣的地方移民而组建的混合村落，建村伊始是盐池县最贫困的村子。从 2013 年开始，宁夏生态环境厅坚决落实中央和自治区对扶贫工作的安排部署，选优配强工作队，进驻盈德村对口帮扶，使昔日的贫困移民村一跃成为全县乡村振兴示范村，2018 年人均可支配收入达到 10 600 元，比 2013 年翻了两番多。宁夏生态环境厅被自治区扶贫开发领导小组评为“驻村帮扶先进集体”。

自治区驻村帮扶先进单位

二、主要做法和成效

（一）调查研究，精准施策，推进黄花产业发展取得实效

盈德村曾尝试过各种致富门路，种过葡萄、蘑菇，发展设施农业

等，因为种种原因，村民没有得到根本性的实惠，盈德村脱贫攻坚走了不少弯路。宁夏生态环境厅帮扶盈德村后，积极向村、镇了解该村致贫原因和发展需求，有针对性地开展了大量的调研走访，结合实际情况，会同党支部研究提出调整产业结构、大力推广种植黄花的发展思路。黄花“食为佳肴、医为良药、观为名花”，以往在宁夏中部干旱带用于防风固沙，兼顾观赏与食用、药用，宁夏实施扬水工程后，大量黄河水的引入，使黄花的产量快速增加，其食用、药用价值日显突出。方向明确后，驻村工作队及村党支部请专家、订种苗、找市场，发动村党员干部带头种植，引导群众逐年扩大种植面积。2017年，邀请宁夏大学专家多次培训，现场指导群众大胆尝试秋季种植，既缩短了黄花的成熟周期，又不影响当年其他作物收入，使黄花种植掀起了新高潮。目前，盈德村黄花种植面积已由最初的几十亩发展到现在的近3 000亩，同时辐射带动周边村种植8 000多亩，有效拓宽农民的增收渠道，还实实在在地改善了当地生态环境。仅黄花产业一项，人均年增收3 000元左右。黄花产业已成为当地群众的“脱贫之花”“致富之花”“幸福之花”。

（二）落实政策，分类指导，推进农村人居环境整治

结合新农村环境连片整治和农村人居环境综合整治行动，先后整合环保专项资金1 444余万元，用于建设垃圾中转站，配置垃圾清运车，推进改水改厕，铺设56.2公里下水排污管网，实现卫生厕所全覆盖。两个相对偏远且封闭的移民区建设生活污水收集及处理系统，力争建成寒旱区农村生活污水处理示范工程。结合美丽村庄建设，采取政府补贴和个人出资相结合的方式，整合资金2 000余万元，实施危房改造123户，辐射改造危房30余户，硬化水泥巷道11.83公里。全面配套节能材料和安装太阳能热水器，削减燃煤和秸秆焚烧量，控制农村大气污染。指导村民在田间地头、村前屋后以及坡梯田间隙种植3 000多株杏、桃等经果林和观赏黄花，将生产与观光融为一体，为后续开展乡村农业观光旅游夯实基础。

（三）加大投入，防范风险，持续提升发展后劲

宁夏生态环境厅积极协调相关部门，筹集资金300余万元，硬化荒地近20 000平方米，铺设近40 000平方米巷道环保砖，既美化了村庄，方便了村民出行，又可在黄花生产季做晾晒场地，发展庭院经济，增加群众收入。协调资金100多万元，建成处理能力2 000立方米的冷藏库，解决阴雨天黄花既要采摘又要保鲜问题。投入资金280万元，建成黄花杀青速冻保鲜项目，更好服务产业的发展。整合资金120万元，建成黄花分拣包装车间，优先解决残疾户就业，对不同品质黄花干菜分拣分类包装，提升黄花的附加值。协助申请注册农产品商标、溯源码等，不断扩大黄花影响力，有效解决了品牌效应弱、销售渠道差、产品附加值低等问题。同时，将黄花晾晒场、冷藏库、速冻保鲜车间、分拣车间出租经营，村集体每年可取得10多万元租金收入，使村集体经济实现了从无到有的历史性跨越。

（四）规划引领，巩固成果，促进乡村振兴持续健康发展

围绕“产业振兴、组织振兴、人才振兴、生态振兴、文化振兴”五大任务，宁夏生态环境厅协助编制了《盈德村乡村振兴规划（2020—2022年）》，制定了黄花种植规程，借助盐池县乡村振兴示范村创建、县农业农村局黄花新品种实验基地设在盈德村等机遇和优势，优化黄花节水滴灌，开展施肥梯度试验，逐步实现黄花提质增效，为后续绿色食品的认证做好技术储备。

丰收的黄花

（五）因势利导、移风易俗，全力促进乡风文明建设

推进扶贫与扶志、扶智结合，大力选树勤劳致富、孝老敬亲、五好家庭等先进典型，大力倡导婚事新办、丧事简办、乔迁升学不办的文明新风。累计筹资80余万元，建成综合文化服务中心、百姓大舞台各一处，文化活动室及广场三处，组织开展法律、健康、扶贫、生态环境保护、实用技能等各类培训20余场，1 000余人次，举办迎新春趣味运动会，深入农户走访排查并化解矛盾纠纷，不断凝聚人心，增强群众发展内生动力。

探讨产业发展

向群众宣传政策

三、经验启示

1. 坚强有力的党支部是脱贫富民的根本大计。村子富不富，关键看支部。一个坚强、担当、有作为的村党支部是凝心聚力、创新创业的关键，是各项政策措施落地生根的“末端神经”。选优配强基层党支部，是做好扶贫与乡村振兴的首要任务，要以组织振兴，引领全面振兴。

2. 合理可行的规划是乡村振兴的指导方向。围绕乡村振兴总要求，科学把握乡村发展规律和趋势，以目标为方向，以问题为导向，统筹考虑，规划先行，做好脱贫富民与乡村振兴的有效衔接，搭好发展框架，总体规划，分步实施。

3. 持续稳定的产业是农民增收的第一动力。好的产业是增加农民收入、实现脱贫富民的第一动力。要科学合理规划产业，因地制宜培育产业，确定 1 ～ 2 个特色优势产业做强、做精、做实，制定产业风险防控措施，推动特色优势产业持续稳定发展。

4. 方方面面的人才是发展农村的基本保障。脱贫致富、乡村振兴，人是第一要素。要以发展特色优势产业为契机，发挥乡土专家作用，培养致富带头人和新型农民，引导劳动力回流，建立培养人才、聚集人才、使用人才、留住人才的激励机制，带动乡村振兴战略目标全面实现。

5. 充足富裕的集体经济是推动发展的重要支撑。村级组织要有效服务群众必须要以经济实力为后盾，充足富裕的村集体经济能够在助力物质脱贫的基础上，更有余力丰富群众的精神文化生活，推进农村各项事业全面、协调发展。

案例六

以创建国家生态文明建设示范县为契机助推巩留县乡村振兴

新疆维吾尔自治区伊犁哈萨克自治州巩留县

近年来，为全面贯彻落实习近平新时代中国特色社会主义思想，贯彻落实习近平总书记关于生态文明建设重要指示批示精神及全国、自治区环境保护大会精神，巩留县委、县政府高度重视创建国家生态文明建设示范县工作，在践行生态文明进程中，坚定不移走绿色生态发展之路，以坚决打好污染防治攻坚战为抓手，以生态文明建设示范县创建为契机，努力解决县域生态环境问题，切实推动巩留县乡村振兴。

一、背景情况

巩留县地处伊犁河上游南侧，从地形图上看就像一只翩翩起舞的彩蝶镶嵌在伊犁河谷中部，东翼是山清水秀、风景秀美的林海草场，西翼则是阡陌纵横、麦熟稻香的河谷平原。全县总面积 4 528 平方公里，辖 6 镇 2 乡，总人口 19.43 万人。巩留县先后荣获世界自然遗产地（库尔德宁）、国家生态文明建设示范县、中国天然氧吧、国家园林县城、国家民族团结进步示范县、全国四好农村公路示范县、全国群众体育先进单位，并纳入国家重点生态功能区，先后获得自治区精神文明建设先进县、优秀平安县、生态县、卫生县、旅游强县等称号。

巩留是“资源福地”，水土光热“富集”，有耕地 74 万亩、天然草场 414 万亩、林地 153.6 万亩；全县平均海拔 900 米，年平均气温 8.4℃，日照时数 2 775 小时，无霜期 148 天，年均降水量 288 毫米；有大小河流 41 条，地表水年径流量 91.17 亿立方米，占全疆的 1/10、全州的 1/3，有国家重点工程恰甫其海水利枢纽和 3 处水电站，总装机容量达 60 余万千瓦，年发电量在 23.7 亿度以上。

巩留是“生态天堂”，全县森林覆盖率 19.6%，东部山区森林覆盖率 67%，有世界自然遗产地国家级雪岭云杉自然保护区库尔德宁（活木蓄积量 1 500 万立方米）、世界罕见亚洲唯一野核桃植物园（野生植物基因库）、国家级森林公园 3A 级景区塔里木、恰西国家森林公园、恰甫其海水库、大莫合、小莫合等，民族历史文化遗迹乌孙古墓群、齐那尔阿吾列洞、喇嘛昭遗址及岩画等。

巩留是“河谷要道”，位居新疆伊犁东五县中心，国道 577 线、国道 578 线、省道 242 线横贯东西南北，纵横交错、四通八达，距伊宁机场、那拉提机场和周边县市均在 100 公里内，距离霍尔果斯口岸不到 200 公里，距墩巴扎至那拉提高速仅 19 公里，交通便利，区位优势明显。

二、主要做法和成效

自 2012 年启动生态文明示范县创建以来，巩留县深入学习贯彻习近平总书记生态文明思想，牢固树立并自觉践行“绿水青山就是金山银山”理念，大力实施“环保优先，生态立县”发展理念，始终坚持走“两个可持续”发展道路。

（一）不断改善生态环境质量

1. 全面推行“河长制”。巩留县认真贯彻落实中央、自治区、自治州河（湖）长制工作要求，把落实河（湖）长制工作作为打好污染防治攻坚战的有效举措，坚持领导挂帅、整体联动，全面打好“全面排查、系统整治、巩固提高”的“组合拳”，实现巩留河畅、水清、岸绿、景美，人水和谐。全县共任命河长 72 名（其中县级总河长 2 名，副总河长 3 名）、护河员 166 名，做到了县、乡、村三级河长全覆盖。

巩留县蝶湖公园

2. 打好蓝天碧水净土保卫战。严抓“绿盾”“绿箭”“绿卫”中央环保督察整改工作；完成第二次污染源普查；印发《巩留县打赢蓝天保卫战三年行动计划（2018—2020 年）》，实施油气双层罐改造，完成建成区内 10 蒸吨及以下燃煤锅炉淘汰拆除，推广电采暖、燃气、太阳能等清洁能源；持续加强集中式饮用水水源地水质监测工作，开展集中式饮用水水源地Ⅱ类水质保护，集中式饮用水水源地水质安全达标率 100%，工业园区、城镇污水处理厂均达到一级 A 排放标准。开展土壤污染状况详查工作，治理解决企业污染、农业面源污染等问题，逐年减少主要污染物排放。

世界自然遗产地巩留县库尔德宁

3. 抓好生态建设与保护。加强森林、河流、湿地、草原等生态资源，野核桃、野苹果等物种资源的保护。加大退耕还林、封山育林、退牧还草、人工种草、退耕还湿、天然林保护，2015 年以来，完成森林抚育 4 万亩，低质低效林改造 1 万亩，三北造林 3.4 万亩，退耕还林 1.5 万亩。森林覆盖率达到 19.6%，提高了 1 个百分点；遴选确定 16 个自治区级“百村示范、千村整治”示范村、30 个县级示范村，通过一系列措施，正确处理好保护环境和富民利民的关系，提高老百姓生活的环境质量，提升老百姓的幸福感，让老百姓感受到生态环境保护的红利。

4. 强化环保能力建设。制定《巩留县环境监管网格化管理实施方案》，建立环境监管网格化体系，确定区域重点污染源清单，建立健全重点污染场地环境监管体系。完成巩留县环境监测站标准化建设及巩留县城区及库尔德宁环境空气自动监测站建设和升级改造。成立突发环境污染事故应急领导小组，修订完善了《巩留县突发性环境事件应急预案》。

（二）不断优化生态空间格局

1. 多规衔接划定生态红线。坚持国土开发与资源环境承载能力相匹配，对国土空间利用情况进行规划。根据《新疆生态保护红线划定方案》，结合县域实际，对巩留县禁止开发区、重点保护区具体范围进行核定，初步划定县域生态保护红线。

2. 加强矿山地质环境治理和保护。加快矿山改造升级，规范资源开采行动，大力开展矿山环境整治工作，对县域内矿山企业进行全面清查，对环保设施不达标企业进行限期整改或停产。其中，整治砖瓦黏土矿排放不达标 13 家，已全部安装脱硫设备；整治砂石料矿洗砂污水排放矿山 8 家，已全部按照要求修建污水沉淀池循环利用，做到零排放。切实做到了依法勘探，绿色勘探、开采，减少勘探对生态环境的影响。

巩留县野生核桃林

3. 积极开展地质灾害防治工作。积极争取自治区级滑坡重大工程治理项目 1 个，地质灾害专项补充勘查项目 1 个和重大隐患点地质灾害监测示范站项目 1 个。通过工程治理适时监测，极大地消除和缓解了滑坡、泥石流等地质灾害的威胁，改善了当地居民的居住环境和生产条件，有效防止周围生态环境的进一步恶化，实现了社会效益、经济效益、生态效益的同步共赢。

（三）不断完善生态经济体系

1. 构建生态工业体系。坚持绿色发展理念，编制完成《巩留县产业准入负面清单》，严禁“三高”企业进驻巩留。调整产业结构，重点打造新型建材、生物制药、农副产品精深加工、纺织服装等主导产业，加快发展电子信息、装备制造、新材料等新兴产业。

2. 实施乡村振兴战略。编制乡村振兴战略规划，重点培育中药材、露地蔬菜、特色林果、制种玉米等特色绿色产业。开展有机绿色认证，完成有机农产品认证 10 个、绿色食品 9 个、无公害农产品 8 个、地理标识 4 个。已打响了“原野”核桃、小将君爆裂玉米等绿色农产品品牌，拉克羊、冷水鱼、泉水蟹、蜂蜜、畜产品等也深受百姓欢迎，雪域圣礼驼乳粉、黑加仑干礼盒在“伊犁礼物”评选中荣获佳绩。

3. 推进生态旅游产业。编制完成《巩留县全域旅游规划》等 4 个规划。投资 2.3 亿元建成了恰甫其海、伊勒格代等 8 个游客服务中心，库恰塔环线、吉尔格朗天山渔村、头道湾龙口自驾车营地等项目，带动一批酒店、民宿、农牧家乐。“三难一不畅”问题有效化解，新建及提标改造旅游厕所 26 座，停车场 13 处、2 000 个停车位。2019 年接待旅游人数 301.25 万人次，同比增长 53.05%，实现旅游综合收入 25.79 亿元，同比增长 45.44%。

巩留县恰西大草原

（四）不断绿色化生态生活

1. 大力改善人居环境，加快城乡一体化建设。围绕建设宜居、宜业、宜游、宜养的生态巩留，科学编制城乡规划，保护好城市的天际线、水岸线、山脊线、绿地线，提升城市品位。完成《巩留县总体规划（2012—2030）》、38个村庄规划修编，将县城5个周边乡镇纳入县城建设范围，中心城区达42平方公里，覆盖10万人。不断巩固“城市双修”成效，实施了蝶湖儿童游乐园、蝶湖退水生态“双湖”和再开西渠生态修复、县城主次干道、背街小巷硬化，完善游园绿地、人行道、公厕等公共服务设施。着力推进美丽乡村建设，打造了库尔德宁、阿克吐别克特色小镇，巴哈拜、莫合小镇等文化旅游村，城市绿化覆盖率52.3%，城镇化率达48%。

巩留县巴合拜村街道

2. 全面推进生态乡镇、村（社区）创建。成立了以县委书记任组长、县长任副组长的生态创建工作领导小组，聘请专业机构高起点、高水平编制生态功能区可行性研究报告、生态文明示范县、乡镇环境规划等环保规划，制定生态县创建实施方案，提高生态文明建设考核比重，县财政专门拿出资金奖励国家级和自治区级生态乡镇、生态村创建。自 2016 年创建为自治区生态县以来，全县先后创建国家级生态乡镇 1 个，自治区级生态乡镇 8 个、生态村 49 个、绿色社区 6 个。同时将生态文明教育纳入国民教育，通过“绿色学校”创建在中小学校开展生态文明教育，创建自治区级绿色学校 2 所，自治州级绿色学校 24 所。

3. 不断丰富生态文化。一是加大生态文明培训。把生态文明纳入干部培训内容，强化干部生态文明意识，发挥援疆资源优势，邀请张家港环保专家对全县领导干部进行专题环保培训，党政领导干部参加生态文明培训的人数比例达到100%。邀请上级生态环境部门业务骨干来县开展环保知识讲座，全面提升党政领导干部及企业负责人依法决策、依法管理水平。二是全民参与意识增强。加大外宣力度，通过央视媒体拍摄播出《江山多娇》《我在巩留等你》《大美巩留》《蝶舞天山·最美巩留》《绿箭行动》《保护绿水青山 建设生态巩留》《相约》等美丽巩留推介节目，录制《让中国更美丽》环保公益宣传片，并在学习强国、生态环境部、生态环境厅、伊犁组工等网站播出；利用“6·5”环境日、国旗下宣讲、农牧民夜校、群众工作，在全县范围内掀起生态文明创建宣传热潮，使生态文明、低碳环保的理念深入人心。

三、经验启示

1. 牢固树立“生态立县”发展理念。巩留最突出的特点就是生态良好、宜居宜业，这是最有利的发展条件，最独特的优势资源。坚持生态立县，做好生态文章，把生态优势转化为发展优势、经济优势，是实现巩留科学跨越发展的必由之路。近年来，巩留县始终把“生态立县”战略放在六大战略之首。“生态立县”“绿水青山就是金山银山”的理念已经成为全县上下的思想共识。“三个绝不”（绝不以牺牲环境为代价换取一时的经济增长，绝不走先污染后治理的老路，绝不以牺牲后代人的利益为代价换取当代人的富足）已经成为全县的行动自觉。

2. 积极发展生态农业。围绕建设河谷绿色有机农产品基地目标，加快培育良种畜、优质林果、特色玉米、中药材、露地蔬菜、水产养殖等主导产业。巩留的拉克羊、冷水鱼、泉水蟹远近闻名，天山伊贝、“三香红”苹果、“原野”核桃、“天谷园”树上干杏、“天畔”糯玉米绿色农产品畅销疆内外。在发展生态农业过程中，我们注重推广良种、良法和生态种植技术，推广使用农家肥、沼气肥、生物病虫害防治技术，逐步减少农药化肥使用量，努力打造农产品“绿色、健康、放心”

生态品牌。

3. 积极发展生态工业。巩留县矿产资源匮乏，工业经济相对薄弱，但绝不走先污染后治理的老路，宁可少上一个项目，也不降低选商引资门槛，在近三年招商引资过程中，已拒绝 10 多个污染项目。巩留县充分借助水、电、农产品等资源和区位优势，初步培育了绿色能源、新材料、农产品精深加工等主导产业。对现有企业，严格执行节能降耗减排措施，鼓励企业使用新工艺、新技术，推进传统企业技术改造。

4. 积极发展生态旅游业。旅游是朝阳产业。巩留县坚持把旅游业作为战略性支柱产业和富民产业来培育，坚持规划先行，注重资源保护，合理进行开发建设。紧紧围绕打造世界级旅游精品目标，以世界自然遗产地库尔德宁为龙头，坚持全民兴旅、文旅结合、以旅富民，倾力打造全季全域旅游，全力提速旅游发展，把旅游业发展成富民强县、脱贫攻坚、结构调整的支柱产业。

良好的生态环境是最普惠的民生福祉，巩留县将坚持以党的十九大精神为引领，深入学习贯彻习近平新时代中国特色社会主义思想，始终谨记“环境就是民生，青山就是美丽，蓝天也是幸福”，让生态文明建设成果延伸到各领域，贯穿巩留县发展全过程，努力建设生态和美、幸福安康的新巩留！

第五篇 西南地区

案例一

种草治污，靠草致富，棕花村依托香根草产业实现脱贫攻坚与污染防治的结合“双赢”

重庆市万州区李河镇棕花村

一、背景情况

棕花村位于318国道万分段南沿，距万州主城区30公里，海拔419～813米，属于葵花山脉，苎溪河、瀼渡河两条长江一级支流分别流经山脚，其中瀼渡河水系的甘宁水库为万州城区百万人口饮用水主水源。全村国土面积7.39平方公里。其中，山地面积11 040亩，森林覆盖率超过90%，包括生态公益林3 381亩，松、杂用材林5 832亩；耕地1 591亩，实际耕种720亩。全村共有8个村民小组，户籍819户、2 352人。棕花村为重庆市级深度贫困村，2015年启动脱贫攻坚战时共有建档立卡贫困户132户358人，贫困发生率15.22%，经过5年的奋斗，2019年完成113户314人脱贫，2020年将全部完成脱贫。

棕花村属于典型两山夹一沟的传统山地农业型乡村，常规粮食农产品种受地理条件限制，难以实现规模种植，原有的特色经济农产品（李子、柑橘等）与周边地区发展同质化，缺乏竞争优势，群众缺乏生产动力。村内缺乏发展旅游的自然资源基础，发展乡村旅游难度较大。棕花村具有畜禽养殖传统，村民喜养、擅养，生猪、肉牛、肉羊、家禽养殖历史悠久，加之临近拥有百万城市人口的万州城区，养殖大户、养殖能人数量较多。全村共十余户猪、牛、羊养殖户，正常年份存栏生猪 3 000 头左右、肉牛 180 头、肉羊 300 只、各类家禽 2 000 只左右，小规模养殖业位居全村主导产业第一。养殖业成为棕花村巩固脱贫攻坚成果、推动产业发展的一项重要措施。村里养殖户虽然按照规定修建了三格沼液池环保设施，实施沼液还田，但由于还田消纳能力限制、村民的环保意识薄弱以及强降雨等自然因素，养殖废水对自身饮用水水源及长江水系环境污染隐患依然存在，棕花村面临同时精准脱贫和污染防治两场攻坚战双重任务。

二、主要做法和成效

（一）加强党建引领，突出生态优先绿色发展重要性

为解决棕花村面临的脱贫攻坚与污染防治双重问题，按照中央脱贫攻坚因村派人的要求，重庆市生态环境局 2019 年 3 月派出了田军同志担任棕花村第一书记。通过深入调研并与村“两委”多次讨论后，棕花村党支部确立了生态兴村的发展理念，建立了必须同时打赢打好精准脱贫与污染防治两场攻坚战的战斗信念，确立了必须按照绿水青山就是金山银山的生产发展观、绿色“三生”（绿色生活、绿色生产、绿色生态）发展目标，走实走深两化路方向；必须将万州区委“一心六型”发展战略、精准选好产业发展方向的“三个必须”作为村党支部在管理村务工作中必须遵守执行的工作要求。为加强生态环境保护在日常村务工作中的权重，报经李河镇党委同意后，棕花村在村委会中设立了一名专门负责生态环境工作的专职委员，并确定村“两委”要定期专题研究生态环境保护问题，将学习习近平生态文明思想和农业农村环境保护相关法律法规、专业知识纳入村党支部每次“三会一课”的必学内容。

（二）选准产业发展突破点，建立与脱贫攻坚和污染防治的链接机制

1. 选准产业发展突破点。

经过多次论证，棕花村选择发展香根草产业作为治理养殖污染与发展生产壮大集体经济的突破点。香根草又名岩兰草，禾本科多年生植物，原产于印度、海地等地，因其根部散发着檀香味而得名。香根草根系特别发达，既能陆地生长，也能水面生长；环境适应性强，耐旱、耐瘠、耐盐碱、少虫害；光合作用强，对生长环境中氮、磷成分吸收充分；后期人工管护简单。香根草具有广泛的用途，有神奇牧草之称。在农业领域，香根草可作为优质牧草，用于食草性动物饲养，同时具有改善土壤环境、改良盐碱和酸性土壤、生物诱导杀虫等功能。在工业领域，可提取天然香根草油，用于生产香水和化妆品添加，制备天然盘香、线香，制作醒神饮料、保健品。在生态环境领域，可用于南方地区农村小规模的养殖场和分散的生活污水治理，小规模生活垃圾渗漏液处理，镉、铬、钯和镍四种重金属污染的农田治理以及富含重金属的油矿、气矿底泥堆放场的污染治理。

在小规模试种成功后，经过不懈努力，棕花村成功吸引两名外出创业成功青年回乡二次创业投资发展香根草产业。在帮扶单位的协助下，棕花村规划了占地总面积约 2.1 平方公里，融合山水林田湖草等自然资源要素，集种养、农产品深加工、观光休闲为一体的生态农业产业园，并命名为棕花村两山生态农业产业园。在村党支部的带领下，棕花村克服重重困难，经过 8 个月的紧张施工，建成了园区首期工程——50 亩香根草种苗基地，并命名为三峡香根草产业基地。

生长中的香根草

2. 建立与脱贫攻坚利益链接机制。

在产业发展过程中，棕花村注重建立对贫困户利益链接，建立了多重利益带动机制。一是土地流转收入。园区优先选择在全村贫困户较为集中的棕花四组，棕花四村 33 户建卡贫困户通过土地流转方式将其撂荒多年的 200 亩土地以每亩 100 元年租金的方式流传出来，33 户贫困户每年可以获得土地流转费用 2 万元。二是园区就近务工收入。在园区建设过程中，共接纳全村贫困户 27 人就近参与建设，10 个月建设期间共获得劳务收入 5.5 万元。三是园区 + 合作社 + 农户共同发展。在驻村工作队的指导下，棕花村设计了借牛还牛模式，由园区提供草料，养殖合作社提供全套技术支撑与牛源，贫困户负责出人工代养，养成出栏由养殖合作社回购销售。该项合作模式推出后，村民积极踊跃，2019 年签订协议的有 3 户，认养肉牛 6 头，预计一年后肉牛出栏销售，贫困户每认养一头牛每年至少能增加收入 2 400 元，计划 2020 年贫困户代养规模将推广到 30 头，仅此一项认养肉牛的贫困户每年将能增加收入 7.2 万元。四是集体股份分红。棕花村利用帮扶单位援助的 30 万元产业扶持资金作为集体经济出资园区建设的股本金，并约定设立为优先股，要求不低于 8% 的年回报率（每年 2.4 万元固定回报 +20% 的超额部分分红），园区建成后，预计村级集体经济每年可以通过股份分红实现收入 13 万元，并约定分红部分 50% 用于帮助贫困户生活、生产。

三峡香根草产业基地

合作社向贫困户支付务工费用

3. 建立与污染防治链接的机制。

三峡香根草产业基地在 2020 年下半年即可实现年产香根草种苗 60 万株的能力，按照计划，在 2019 年小规模试验取得成功的基础上，棕花村将从 2020 年下半年全面启动利用香根草技术治理全村畜禽污染，利用三峡香根草产业基地生产的香根草种苗，通过固态粪便 + 秸秆发酵用于蚯蚓养殖，蚯蚓粪便用于果蔬生产；香根草湿地技术治理液态粪便实现氮、磷减排同时生产草料，草料又继续回用于畜禽饲养，实现真正意义上的循环农业发展。预计全村畜禽养殖污染治理后，每年可以减少约 3 800 头猪当量污染物进入山下的两条长江一级支流水体环境。

香根草浮床技术用于水体净化

（三）设立生态农业发展合作社，走实走深两化发展路

棕花村在推进生态兴村过程中意识到，有必要建立一个具体执行机构来推进落实绿色“三生”目标的执行。鉴于生态环境保护公益性特点，需要为执行机构建立一套可持续发展造血补充机制。在市、区两级生态环境部门的指导下，驻村工作队为棕花村设计了以推进农村三变改革和生态产品价值实现机制试点为契机，发起设立以生态农业和生态环境建设为主营业务方向的股份合作社，作为推进生态兴村发展规划实施的具体主体。股份合作社由村民自愿出资、村委会利用帮扶单位发展集体经济扶持资金、集体林地碳汇出让获得的资金和建卡贫困户、低保户及自愿以土地作价入股的村民组成的土地股份合作社三部分组成，为混合所有制的农村股份专业合作社，将农村分散撂荒土地实现集约发展，推进资源变资产、资产变资金，村民变股东的农村产权三变改革。成立后的股份合作社一方面承担本村的生态环境保护设施的建设与运营，近期优先解决本村废弃农药化肥包装物随意丢弃、废旧农用薄膜、养殖大户的养殖废物、农业秸秆等突出农村污染问题，打好棕花村污染防治攻坚战，减少对两条长江一级支流的污染隐患，中期逐步过渡到承担本村生活污水、生活垃圾集中收运和村级自来水厂运维和村级道路的清扫保洁；另一方面依托已经启动建设的香根草产业对外开展国土矿山复绿、农村黑臭水体养殖废水治理、水土流失治理、土壤修复等生态环保治理工程承接。实现生态环境维护与生产经营发展双结合、双促进。经过多方努力，注册资本金 87.5 万元，重庆市第一个以“两山生态”命名的农

棕花两山生态农业发展股份合作社

民专业合作社——重庆市万州区棕花村两山生态农业发展股份合作社已经成功注册。

三、经验启示

1. 将习近平生态文明思想的精髓融入农村工作。当前我国农村正面临着前所未有的巨大变革，脱贫攻坚、乡村振兴重点内容都是产业振兴，新时期的产业振兴不是单纯传统农业的数量叠加，而是高质量生态型的产业发展，当务之急是要转变价值观念，提高农民生态环保意识，转变当下片面追求经济高增长的观念，要让村民真正认识到农村的发展应该是可持续的发展，要通过深入浅出的话语，以农民喜闻乐见的形式，加大对农民的环保理论教育以及环境保护宣传力度，将习近平生态文明思想精髓根植融入农业农村基础工作，推动各级行政部门建设完善的习近平生态文明思想宣传体系，定期组织环保普法、讲环保法活动，鼓励农民因地制宜，自主创新，结合实际情况以及当地生态发展的需要，在实践中不断增强农民生态环保的意识，积极探索适合村情的环境保护措施，实践适用的环境保护技术。

棕花两山生态农业产业园

2. 要注重花钱与赚钱统筹考虑。推进生态环境保护助力乡村振兴必须注意花钱与赚钱的统筹考虑。要结合农村种养产业的发展，重点针对当前农村突出环境问题，特别是容易通过环境污染进入饮用水水源或食物链的关键环节，将污染防治与产业发展实现有机的结合，要将治污与致富进行有机统一，充分调动发挥村民内生发展动力，实现治污与致富的有机统一，引导村民学好用好“绿水青山就是金山银山”理念，走深走实两化路。

3. 要有清晰的操作路径和具体实施的平台。棕花村以抓生态环境保护助推乡村振兴，在较短的时间内取得成效的重要因素就是选择了适合具体村情的操作路径模式。在驻村第一书记的带领下，棕花村选择了发展香根草产业，通过固粪发酵蚯蚓养殖 + 沼液香根草湿地技术与集中式养殖废物资源循环利用项目相结合的模式，实现治污与致富的有机统一。棕花村能够实现操作路径的落地化，就是借力脱贫攻坚的机遇集中利用帮扶单位产业发展资金和生态产品价值转换试点示范获得的碳汇收入资金，同时撬动社会资本并结合农村“三变”改革，设立一个混合所有制的生态农业股份合作社作为农业发展与推进生态环境保护助力乡村振兴的具体实施平台，做到有人用心谋事，有人专心干事，有钱支撑发展。

案例二

推动生态振兴　焕发乡村新活力

重庆市璧山区七塘镇喜观村

一、背景情况

喜观村位于璧山区七塘镇北部（渝合十塘古驿道上），距七塘镇2.5公里，距八塘镇3.5公里，村域面积8 144余亩，户籍人口3 078人，常住人口1 170人。村道15.8公里，次村道9公里，人行便道21公里，形成了社社院院通道路的交通网络。先后获得“重庆市文明村”“市级美丽宜居村庄”“市级乡村治理示范村”等荣誉称号。

喜观村属璧北十万亩蔬菜基地核心区域。以打造花卉苗木、蔬菜基地为主线，大力引进种植大户10户，转移农村劳动力300人，增加农民收入50余万元。现有8家现代农业公司流转土地2 500余亩，借助村区位优势大力开展种蔬菜、种苗木、育花卉等产业发展，生态资源丰富。积极探寻农业发展新思路，打造现代农业观光旅游园区，建成喜观昆虫王国博物馆1座、农文旅融合发展院落群2个，每年接待游客9万余人，带动本地区群众增收致富。2019年村集体收入3万元，同时借助辖区内重庆凯锐农业发展有限责任公司，探索股权化分红模式，积极增加和拓宽集体经济收入渠道。

二、主要做法和成效

（一）主要做法

1. 坚持生态环境保护与修复。抓好缙云山保护与修复。按照“绿水青山就是金山银山”的发展理念，喜观村借助缙云山国家级自然保护区综合提升工程，全面清理保护区内 51 户农户，拆除违规建筑 14 户面积 1 200 余平方米，实现经果林与花卉苗木复绿种植 2 930 余平方米，切实将经济性与观赏性相结合，既保护缙云山又积淀“金银山”。

抓好“见缝插绿”。充分利用“边角地”、行道旁、农家院等各种适宜栽种花卉苗木的空间与区域，全村“见缝插绿”，累计完成各类绿化面积 3 500 平方米，绿色村庄建设取得良好效果。

见缝插绿

抓好面源污染治理。喜观村重点围绕治理农业面源污染，全面整治提升全村生态环境保护与修复水平。在入河口集中建设 15 亩生态湿地，用过硬措施将农业面源污染的治理落到实处、抓出成效。

2. 全面推进农村环境综合整治。（1）高度重视，强化领导。喜观村以农村人居环境整治为抓手，全面推进农村环境综合整治。结合村实际，成立由村党支部书记、村主任为双组长的农村人居环境整治工作领导小组，承担全村该项工作的综合协调、监督执行、检查评比等工作，为喜观村农村人居环境整治工作提供了坚强有力的组织保障。

（2）强化宣传，营造氛围。坚持舆论先行的工作方法，借助村广播系统、“微访谈”、“三会一课”、宣传公示栏、院坝会等各种媒介和时机，扎实开展农村人居环境整治工作的宣传引导。发放宣传单 3 000 余份、规范张贴海报和横幅 50 余张、召开大小宣传专题会 40 场次，为近 2 万人次进行了深入、细致、全面的农村人居环境整治工作宣传，得到了群众的大力支持和广泛参与。

（3）突出特色，打造重点。喜观村相继在有条件的蔬菜产业发展核心区实施了院落整治工程，紧紧围绕院落整治抓出环境整治的示范带动效应。幺滩院子坚持“整治为主、注重特色、以人为本、建管结合”的原则打造“乡愁幺滩”。改造危旧房 7 处和修缮 2 处，拆除破旧房屋 280.69 平方米；改造虎皮石人行道 384 米；改造混凝土车行道 320 米；改造 780 平方米活动广场 1 个，休闲观光长廊 3 个；改造庭院地坝 1 353 平方米；改造卫生厕所 14 户；污水整治方面，新修污水管网 550 米，新建 40 立方米调节池 1 个，并建设 ME-MBR 一体化污水处理系统 1 套，处理后的排放水可达国家一级 A 标排放标准；畜禽污染整治方面，新建鸡舍 18 个；整治水体约 1 200 平方米，增植绿化面积约 600 平方米，增设路灯 14 盏。引导村民改善生活习惯，积极探索村民自理自治，合力打造宜居、宜业、宜游的美丽乡村。

向家院子紧邻的喜观昆虫王国，是一家集昆虫科研、昆虫繁育、昆虫科普、昆虫民宿、乡村亲子活动、民俗体验为一体的社会科学实践教育基地。喜观昆虫王国已被授牌为“五行智农星创天地”“重庆市中小学社会实践教育基地”“璧山区科普教育基地”。改造青条石步道 426 米、虎皮石道路 323 米、休闲活动广场 1 700 平方米、卫生厕所 50 户，安装 MBR 污水净化一体化设备 1 套，新增绿化面积约 1 500 平方米，安装路灯 25 盏，并对入口空间进行综合整治，打造“齐家喜观”。

整治前

整治后

（4）全面提升，打牢基础。根据“因地制宜、分类实施”的原则，全面提升全村农村人居环境，从面上打牢农村环境的基础。一是加大道路硬化及庭院改造力度，全村硬化村社道路20余公里，整治完成2个院落；二是加大生态污水处理建设力度，建成2个生态湿地污染处置设施和2台（套）MBR污水净化一体化设备；三是加大农村生活垃圾收集转运力度，借助垃圾收集转运公司，配备3名专职清洁员，切实保证全村垃圾收运体系高效运行，建成垃圾“四分类”回收示范村。四是加大卫生改厕工作力度，完成900余户卫生厕所改造。通过打出这一系列组合拳，全村基础设施不断完善，道路在扩宽，庭院在美化，村庄在变化。

花园

（5）突出文化，提升内涵。借助地处渝合十塘古驿道上的有利条件，喜观村围绕人文建设抓好内涵提升，进一步加强人文景观的保护和挖掘，使村庄建设更有文化底蕴。以“古道热场”“齐家喜观”“乡愁幺滩”“农耕文化”等为主题，在向家院子、幺滩院子及农家院落进行氛围打造，点出了历史、贴出了典型、道出了真理，进一步为群众提供一个见贤思齐的好地方与好方式。

农耕文化

3. 不断创新体制机制。引导村民参与项目建设及运营管护机制。一是引导村民参加志愿服务。建立 1 支 50 余人的志愿服务队，主要负责本村公共区域的环境管护工作（包括垃圾清理、转运等），同时代表村委会、农业社监督检查村聘请的专业清洁公司和保洁人员的垃圾清理和转运质量与效果，确保本区域内干净、整洁、有序，为群众提供一个良好的生产生活环境。二是引导村民参加义务服务。按照“保证待遇、适度锻炼、促进生活、服务群众”的原则，经村民代表大会研究和征求部分低保人员的意见，建立低保人员每月进行义务服务 1

天的常态化制度。主要从事少量田地、竹林等区域的清洁工作，为环境整治做贡献。三是引导村民参加“常态服务”。落实 1 名驻村领导包村、5 名机关干部包社、11 名村社干部和 32 名党员包院落（户）的“三包”责任体系，驻村领导、机关干部、村社干部和党员充分发挥先锋模范作用，在做好自家或亲属的环境整治的同时，向全村群众实行宣传教育全覆盖，引导 1 000 多名常住群众深入开展环境整治，将做好农户自家院落及周边环境的清洁整治作为“常态服务”的重要部分，确保全村农户院落环境得到全面整治提升。四是引导村民参加“公共服务”。按照“谁受益、谁监督”的工作原则，喜观村结合财政资金绩效评价与管理工作要求，在镇项目建设与运营管护指导小组监督指导下，在全村实行环境整治项目管理、资金使用绩效管理与保障的“公共服务”，将项目建设区域内区镇人大代表、监督委员会成员、群众代表的作用充分发挥出来。引导群众积极参加项目建设前的规划、建设中的管理、建设后的维护，促进群众主人翁意识的树立，真正让群众得实惠、受启发。

（二）工作成效

1. 产业逐显兴旺。全村蔬菜、花卉苗木两大产业格局全面形成，集聚优势充分显现。打造出西南首个昆虫主题乐园“喜观昆虫王国”，带动周边两大院落成为乡村旅游新亮点；农耕文化园、生态采摘园等农文旅融合项目相继开园，进入全域旅游新局面。

2. 生态逐显宜居。建设向家院子、幺滩院子，成功打造市级改善农村人居环境示范片、市级美丽宜居村庄和国家级绿色村庄；实施交通主干道沿线“边角地”绿化整治项目，改善脏乱差环境死角 5 处，绿化面积累计达到 3 500 余平方米；实施农村硬化公路绿化美化工程，栽植行道树 10 余千米，种植美人蕉 5 万余株。严格落实生态建设长效制度，强化山坪塘、养鱼池、农村生活垃圾等各类污染源治理，全村生态考核位居前列。扎实开展农业污染面源整治工作，5 个果蔬产品获无公害认证、3 个绿色农产品产地获认证，无公害农产品基地认证面积达 2 000 亩。

3. 乡风逐显文明。紧密结合地处秦巴古道（渝合十塘）上重要驿站的历史文化背景和喜观人民对美好生活炽热追求，着力建设以“古道热场”为主题体验展示基地。在喜观村向家院子和幺滩院子，确定了以家教家风、农耕文化为建设主线，以“古道热场·齐家喜观”“古道热场·乡愁幺滩”作为主题，把弘扬优良家风与实施乡村振兴行动计划相结合，打造成为文明村居示范点，让群众在寓教于乐的氛围中提升文化素养，升华思想道德，让群众弘扬正能量、爱上新风尚。

4. 治理逐显有效。积极响应党的十九大报告提出“二轮土地承包再延长 30 年的国策”，探索农户分散承包与业主集约化经营相结合的有效途径。充分运用网络科技创新基层社会治理举措，建立起 10 余人的网格信息员队伍，不断拓宽矛盾纠纷排查、农村生活垃圾治理、生态环保创建等信息收集渠道，切实解决群众关注的重点问题，着力改善民生环境。全面推行村级财务、政务“四公开”制度，坚决整治“四风”问题和侵害群众利益不正之风；认真落实党员干部走访接访和定期院坝会制度，收集整理群众合理意见诉求；办好低保、修路等民生实事，进一步密切党群干群关系，解决疏导群众矛盾，社会稳定彰显和谐。

5. 生活逐显富裕。紧紧围绕蔬菜、花卉苗木种植这两个优势产业，充分发挥农业龙头企业、专业合作社、家庭农场的辐射带动示范作用，一改过去农民“单兵作战”的生产模式为“抱团出击”，走规模化、集约化生产经营路线；借助村便民服务中心，积极开展新型职业农民技术培训、劳动技能培训等，通过“新型职业农民”的培养造就、“工匠型”农民先锋模范作用的发挥，有效促进农村一二三产业快速发展。目前全村蔬菜年均产值 3 500 万元、花卉苗木产值近 3 000 万元；带动 800 余户群众投入到农业产业二次结构调整之中，当地农村户均增收 3 000 元以上，人均增收 1 000 元以上。

三、经验启示

1. 坚持党建引领。实施“一个党员一个家，千名党员带万家”行动，落实党员干部包村包社包院落（包户）的“三包”制度，切实发挥党员干部“领头雁”作用，实现以一点带一面、一面带一片的工作目标。

2. 严格评比奖惩。不断修订完善村规民约、《七塘镇喜观村美丽乡村建设考核评价实施办法（试行）》《农村卫生改厕项目实施方案》《村环境卫生保洁工作考核细则》等制度性文件，激励群众转变观念、爱护环境，开展“美惨了我的院”活动评选，月评选“清洁户”，季评选“整洁庭院”，年评选“美丽庭院”，让群众在参与中获得“收益”。

3. 形成常态长效。结合“古道”“农耕”“孝善”“家风”等文化主题，实现环境整治和文化建设相互促进。持续推进“自曝家丑”活动，让群众明耻辱、崇先进，形成你追我赶的氛围。

案例三

守护绿色生态
打造强镇富民“风水、宝地”

四川省自贡市沿滩区永安镇

一、背景情况

永安镇位于自贡市沿滩区腹心地，距区政府驻地13公里，距市区16公里，内宜高速公路、乐自高速公路穿境而过并设有高速路出口，王贡路、永富路、板牛路、王荣路为连接外界的交通干线。全镇辖区面积52.28平方公里，辖13个村190个村民小组以及两个社区，人口4.2万人。

永安镇整体风貌

永安镇具有得天独厚的水利资源、交通优势和近郊型农业休闲观光生态旅游环境。乐自、内宜两条高速公路贯通境内，已融入自贡大旅游交通主线。1.5 小时交通圈内覆盖自贡、乐山、宜宾、内江、泸州等川南 5 城市。永安镇系四川省“十三五”期间重点培育特色小城镇、旅游休闲型小镇、川南生态文旅小镇和花卉风情小镇，荣获省“安全社区”和“卫生乡镇”称号。2019 年，评为省级乡村振兴示范先进乡镇，跨入自贡市首批扩权强镇试点镇行列，其鳌头铺社区被住房和城乡建设部等部门命名为第四批中国传统村落。

打造文旅小镇

“山光悦鸟性，水影空人心。”永安镇境内青山绿水、自然资源丰富。金银湖、观音湖面积近 2 000 亩，总蓄水量 860 万立方米。“两湖” 四周森林茂密，青山环抱，绿树成荫，周围分布着农田、花海、丘陵地貌、乡村农家、山清水秀、袅袅炊烟，让人尽享自然之美、人文之美、建设之美。

二、主要做法和成效

永安镇坚持将生态建设作为乡村振兴的“重头戏”，四措并举、齐抓共推，按照“绿色、宜居、环保、经济”理念大力开展“人居环境整治”行动，全面打响“污染防治攻坚战”，着力发展“绿色产业”，推动全镇人居环境持续改善，经济社会持续转型，快速发展，为乡村振兴提供了强势的生态优势和环境支撑。

（一）切实践行绿色发展理念，擦亮乡村振兴最美“底色”

积极践行“绿水青山就是金山银山”的发展理念，推动生态建设与产业发展相融合，努力寻找二者最佳结合点，让绿色生态成为经济发展的“金矿”和脱贫富民的“金碗”。大力发展绿色产业，推动生态环保纵深发展。全镇积极对接沿滩区“两个十万亩”产业布局，坚持“产业连片、深度融合”的发展思路，集中成片种植九叶青花椒1.2 万亩，发展特色水产养殖 5 000 亩、花卉苗木 2 000 亩、绿色蔬菜1 600 亩，集中在六个村连片形成“香飘十里”绿色产业带。目前，云龙、利民等村的万亩花椒产业园正积极申报省级现代农业产业示范园，全力打造精品乡村旅游线。全镇在绿色产业的带动下，乡村田野更绿了，群众的钱包更鼓了，人民的居住环境更美了。

花椒基地长势喜人

观音湖绿色生态

永安镇坚持四季挖窝、三季植树和专业化造林结合，以库区荒山、库周生态隔离带和村庄及通道为重点，大力开展荒山绿化、道路绿化、景区绿化、城区绿化、村镇绿化、水系绿化等工作，并引导群众开展系列植绿、护绿、爱绿、兴绿活动，掀起植树造林热潮。出门见绿，绿伴身侧已是常态，绿色真正成了全镇最美最亮的生态底色。

（二）全力打好三大攻坚战役，守护人居环境“碧水蓝天”

1. 采取一份清单、三项制度铁腕治霾，打好蓝天保卫战。一份清单即把“散乱污”企业整治回头看、餐饮油烟整治、露天禁烧管控、黄标车淘汰等细化为一张清单，明确各项工作任务，实行清单管理、挂图作战。三项制度即制定《永安镇重污染天气应急预案》、与各村（社区）签订《露天禁烧责任书》、与村民签订《露天禁烧承诺书》，将任务层层分解，压实责任，

不留死角。镇里成立专职工作队伍开展晨查、夜查和巡查，对镇域内的施工工地、工业企业、交通治理、扬尘治理等方面进行全方位、全天候巡查，加大管控力度，杜绝露天焚烧。同时，与各村（社区）和村民签订《露天禁烧责任书》《露天禁烧承诺书》4 000余份，成立露天禁烧巡查组，组织秸秆禁烧巡查人员出巡500余人次。

金银湖优美环境

健全垃圾收运体系，狠抓农村环境整治示范。投入资金25万元对辖区生活垃圾收集池进行维修整治，切实解决散体物料、生活垃圾乱堆乱放、随意倾倒等问题。投入资金80余万元，在云丰村实施垃圾分类试点，新改建垃圾池160个。投入资金50余万元管理清运垃圾池，积极推进垃圾压缩中转站改扩建项目，实现垃圾无害化处理。全镇空气优良天数全年达300天以上。

2. 狠抓专项治理，水环境质量明显改善。扎实开展集中式饮用水水源保护区规范化建设、城镇污水及黑臭水体治理、重点工业源污染整治、畜禽规模养殖污染治理、打击非法垂钓等七大专项行动，确保生产生活用水安全。

2019年对辖区内两个城镇化污水处理厂实施提标改造，对处理设备原有管网和检查井等设施进行新建、维修、提升、加固，确保污水收集过程中污水不渗漏，出水水质达到岷江、坨江水质要求。同时为进一步完善污水收集系统，提升场镇污水收集率，投入资金20余万元在云丰村新建污水管网1公里，扎实开展农村散居户生活污水处理，并投入资金600余万元实施云丰村生活污水集中处理项目，形成功能健全的生活污水收集网。投入800余万元修建金银桥防污沟500

米，新建和修缮隔离网 180 米，修建望子河截污池 2 个。种植涵养林 500 亩。扎实开展河长制巡查。投入人力 2 000 余人次，发放告知书 5 000 余份，制作标识标牌、横幅 10 余块（条），集中对 4 公里湖面水湖莲等漂浮物进行打捞清理，打捞水湖莲近 4 000 吨，降低水源污染，保障饮水安全。

3. 科学治土，减少土壤面源污染。制定《永安镇推进农药使用量负增长行动实施方案》，采取“控、替、精、统”等措施，切实做好退耕还林还草和二级保护区的农药、化肥限用工作，监督二级保护区开展水产绿色养殖，禁止肥水养殖污染水体，切实保障农业生产安全、农产品质量安全和生态环境安全，全镇化肥农药使用量负增长总体达 8% 以上。

（三）大力发展新产业新业态 变“绿水青山”为“金山银山”

“亲水观音湖，醉赏郁金香。”近年来，永安镇充分发挥山清水秀的自然风景和资源优势，大力发展以湖光水色辉映花卉鲜果为主题的乡村旅游，形成生态绿色、朝阳初升的新产业、新业态。

草雕节

“信步沿滩美过周末”郁金香节

观音湖景区以“花田和花镜”结合的模式，三季有花、四季有景，成为沿滩区“信步沿滩·美过周末”乡村旅游花卉产业核心区。这里是花的“海洋”，水的“乐园”。在水域近1 000亩的湖畔，700多亩花卉景观园区每年可出圃各类花卉1 000万株，产值3 000万元以上。景区每年接待游客10余万人次，实现产值500余万元。花卉产业带动周边乡镇农户从事花卉种植，增加农民收入，解决了周边500余人就业，促进当地农民增收1 400万元。

自2015年以来，该镇年年举办“郁金香乡村旅游节”“百合花生态旅游节”“向日葵花旅游节”等，吸引八方游客前来观花逛湖、游园摄影，接待游客100余万人次，旅游综合收入上亿元。

（四）推动生态环保高质量发展 乡村振兴交出满意答卷

永安镇坚持以实施乡村振兴战略为总览，以推动生态环保高质量发展为主线，浓墨重彩细描“产业兴旺、生态宜居、乡风文明、治理有效、生活富裕”的美丽乡村发展蓝图，走出了一条农业强、农村美、农民富的乡村振兴之路。

蜜柚种植园

坚持生产、生活、生态“三生融合”，提档乡村振兴；坚持业态、文态、形态“三态”并重，提质乡村振兴；坚持“户分类、村收集、镇处理”三步齐走，提升乡村振兴。进一步对场镇生活污水提标改造和实施生活污水收集提升，金银湖、观音湖两个饮用水水源地 200 米内全面禁养，关闭家禽养殖户 31 户。投资 70 余万元实施生活污水收集提升工程，城乡生产、生活、生态环境得到有效改善。投资 80 余万元提升有机肥厂产能，把秸秆处理与鸡粪处理有机结合，切实改善空气质量。搭建“3+2+1”治理模式，实施 3 公里镇容综合整治，大力开展特色庭院、文明家庭、最美院落等评选活动，打造示范点 20 余个，乡村环境综合整治的深度和力度不断深化，城乡环境质量持续改善提升。

通过对生态环境的保护和改善，促进农业增效、农民增收，乡村经济迅猛发展，乡村振兴捷报频传。目前，全镇在场镇至圆觉寺新村永荣路两边可视范围内新发展青花椒 2 000 亩，与新元、前进、云龙、双林、利民、云丰、红光等八个村连片打造 10 000 亩，形成一条贯穿全镇 10 公里长的花椒产业绿色示范走廊，建成高

特色水产

产示范园区 5 个。在以彭石村为主体的金银湖周边种植甘蔗 1 200 亩，在以观音湖现代生态农业产业园区内发展花卉苗木 800 亩，并利用金银湖、观音湖等水域资源发展生态水产养殖 2 000 亩。

2019 年，实现绿色农业产业提档升级，推动农文旅融合发展。积极创建永安镇观音湖省级花卉产业基地，持续开展“信步沿滩、美过周末”系列乡村旅游活动，成功举办郁金香节、春游赏花活动、无花果采摘节、水蜜桃采摘节、草雕节等节庆活动 15 场，吸引游客 70 余万人次，实现旅游综合收入 2 亿元。

三、经验启示

1. 把资源优势转化为发展优势，充实群众的“钱袋子”。一个地区的发展，最重要的就是善于把所独具的资源禀赋和有利条件充分挖掘出来、发挥出来，把它转化为发展优势，才能在区域竞争中赢得主动、抢占先机。永安镇坚持做好做优规划、项目、创新三篇文章，充分利用生态、农业、旅游等资源优势，因势利导，积极作为，加大招商引资力度，创造宽松发展环境，努力引进和培育一批可持续发展的龙头优势产业，将绿色资源优势转化为产业优势、经济优势。

“信步沿滩美过周末”第三届草雕文化节

“信步沿滩美过周末”桃花节

目前，以金银湖乡村振兴示范片为轴线，串联“云龙”花椒产业精品园、汇龙堂侏罗纪体验园、白泥山康养产业园、无花果生态采摘园、时代家园等形成“五园一线”产业发展新格局。同时，在8个村连片发展一条花椒上万亩，形成一条绿色产业带。

依托农旅、文旅融合发展拉动乡村旅游业发展，农家乐、休闲山庄应运而生达50余家，建成花椒、无花果、甘蔗等特色产业园9个，种植面积达1.5万亩，解决剩余劳动力3 000余人，核心区年人均增收1万余元。

2. 创新环保教育引导激励机制，守护群众的“好日子”。“以前，污水随地乱丢、乱扔、乱放，没有人敢管也管不了。现在，有了‘道德银行’，大家都是储户，你遵守环境秩序做了好事银行给你积分，发现你不讲卫生有不文明行为就扣分，虽然，积分的经济价值不高，但却记录了一个人的品德和爱心。”这是永安镇积极创新环保教育引导激励机制的生动实践和成效。

刘家山社区居民兑换信用积分礼品

目前，永安镇积极探索和创新，在社区和有条件的村建立“道德银行”，并融入环保教育激励机制，银行只存爱心不存钱，鼓励大家积极参加各种环保志愿行动，争做好事实事，银行分别给予道德积分，反之给予扣分。居民随时可以用积分兑换物品和他人的爱心服务，激励大家踊跃参与环境治理，讲文明、守秩序、爱卫生、攒积分，变过去的被动为主动，化消极为积极，由浅入深，由短期变长效，有效破解了环保工作中的诸多难题，维护了城乡人居环境的长治久安。

仅 2019 年以来，“道德银行”就新发展居民储户 200 余人，做好事实事 600 余件，累计积分 1 000 余分，破解环保工作难题 12 个，成为攻坚破难、促进发展的“推进器”。

案例四

聚力发展绿色产业
加快建设绿美光明

四川省雅安市宝兴县蜂桶寨乡光明村

一、背景情况

宝兴县位于四川盆地西部边缘，是雅安市最北部山区，1929 年建县，取《礼记·中庸》篇中“宝藏兴焉”之意命名。宝兴是“熊猫老家·传奇宝兴”，拥有良好生态系统和丰富资源。2019 年被评为国家生态文明建设示范县、中国最美生态文化旅游名县、中国最佳生态康养休闲旅游名县等。光明村位于宝兴县蜂桶寨乡南部，海拔 1 300 米，辖区面积 1.31 万亩，属于中高山地带，辖 4 个村民小组，共 158 户 557 人。全村建档立卡贫困人口 28 户 103 人，贫困发生率 22.6%，2018 年底顺利退出贫困村序列，2019 年光明村村集体经济收入 2.3 万元。

近年来，光明村根据独特的自然环境和人文环境，以“生态立村、产业富民、绿美家园、光明振兴”发展思路为核心，以大熊猫国家公园建设为契机，整合党政资源、联系部门资源、社会组织资源，大力实施人居环境整治提升和产业发展“整村推进、全域覆盖”，建成了占地面积 730 亩的光明村特色产业基地，努力探索山区农业立体化、田园化发展新模式，积极构建“藤椒 + 菊花”“果桑 + 苗圃”的产业发展新格局，使群众的生产和生活条件明显改善，村容、村貌得到明显改观，感恩意识显著提高，实现生态美与百姓富的有机统一。

花开四季

二、主要做法和成效

（一）“3123”发展思路为核心，加快构建绿色产业新体系

统筹“三方资源”。通过整合党政资源、联系部门资源、社会组织资源，建成占地面积730亩的光明村特色产业基地，其中涵盖藤椒630亩（含套种）、林麝饲料林180亩，同时充分发挥林业局专业技术优势，构建了光明“2+6+1+1+n”的产业发展新格局，即在保障产业基地藤椒及林麝饲料林2个核心产业稳定发展的前提下，配套建设6大苗圃（其中，木春菊8万株、红继木10万株、红叶石楠1万株、莲香树15万株、藤椒4万株、乔木500株）、1个占地50亩的金丝皇菊种植试验园、1个容积80立方米农副产品烘干加工中心。提供100余个本地就业岗位，解放青壮年劳动力70余人外出务工，实现光明村31名残疾人就地务工。

坚持“一个主体”。近年来，光明村围绕农民持续增收致富的目标，结合自身实际，整合市、县帮扶部门和大熊猫生态文化研究协会等社会组织的帮扶资金300余万元，组建宝兴外郎脱贫攻坚造林专业合作社，以“企业+合作社+农户+基地”经营模式，通过流转土地收“租金”，入社务工赚“薪金”，入股经营分“股金”的方式吸纳群众参与到产业基地建设中去，通过统一生产标准、统一技术培训、统一生产管理、统一产品销售，提高了产业组织化、专业化、市场化程度，实现了“单家独户”“小群体”“弱群体”与“大市场”的有效对接。

做到“两个覆盖”。合作社建社全村农户全覆盖。引导全村农户入股合作社，成为合作社股东，积极参与到合作社的管理中去，构建“集体投资、股民参与、共同获益”的全新局面。产业发展全村土地全覆盖。全村农户自愿将土地流转给合作社，由合作社统一经营管理，实现了从一家一户经营到农业产业化的转变，走出一条农民变股民、分散变合作、空壳变实体、促进农民稳定增收、农村经济持续发展的新路子。

桑园

椒香沃野

实现“三金收入”。合作社积极引导和鼓励广大农民流转土地收“租金”，入社务工捞“薪金”，入股经营分“股金”。实现了由传统农民向现代新型农民的转变，“三金”收入也打破了以纯农业收入为主的传统模式，为光明村农民搭建了持续稳定增收的新渠道。流转土地收“租金”。根据“依法、有偿、自愿”的原则，农户按照800元/亩的标准，将土地流转给合作社，每户平均每年可从合作社领取4 250余元的土地流转金。入社务工赚“薪金”。合作社建立严格用人制度，对基地实行统一种植、统一管理、统一加工、统一销售，流转土地用户可到基地务工，按照每人每天80元标准，每户每年可从基地获得10 000余元务工佣金。入股经营分“股金”。目前光明村特色产业基地占地面积730亩，到2021年，光明村产业基地藤椒将进入盛产期，届时将实现年产值600余万元，年纯利润100余万元，随着基地投产，基地可实现年盈利100万元，合作社将政府、社会组织投入部分量化给农户，构建“127”分红机制，即合作社产生纯利润的10%作为村集体经济收入，20%作为农户分红，70%作为投资企业利润，农户将通过流转土地收租金、基地务工赚薪金，参股入社分红金三项收入，实现年收入17 000余元。

雪映蜂园

（二）以环境整治为抓手，积极推进宜居光明建设

2019年，光明村按照“因地制宜、示范先行、突出重点”的总体要求，以“清洁卫生、无害处理、简便实用、群众欢迎”为基本遵循，突出“控源减量、无害处理、循环利用”三个重点，形成了“光明村垃圾分类”模式，开创试点山区农户“堆草肥”的生产经验，探索总结了农村餐厨垃圾、易腐垃圾堆肥沤肥实用技术，编写了“沤肥谣”，利用山粪池、沼气池对易腐垃圾进行生态处理，通过肥料还田、循环利用，实现生活垃圾资源化，变废为宝。引入商贩定点进驻村级分类处理中心，放置公平秤，采取“微信+”模式进行交易，对老年人、残疾人等特殊群体进行上门服务，实现了村内交易、就地卖钱，破解了边远乡村农户“废品卖的钱不够车费”的尴尬困局，打通了山区农村“可回收类”垃圾分类处理的“最远一公里”。同时以“两治一增”专项行动为抓手，通过厕所革命与生活污水治理的有效衔接，不断完善配套基础设施建设，达到生活污水集中收集治理与资源化有机结合，提升生活污水治理水平，持续推进人居环境整治，全面建设洁美宜居光明。同时结合

宝兴中蜂养殖的特有优势，试点建成养殖中蜂200余群的“微园林式”养蜂场，实现了特色产业发展与宜居家园建设同步推进。

三、经验启示

随着特色产业建设的持续推进，产业园区生产便道、灌溉管网、文化平台、人居环境提升等设施不断完善，同时产业基地建设，使农民得到了实惠，产业得到提升，社会效益明显，主要体现为“四管”“四赢”“四不同”。

菊满椒园

1.“四管”：一是管土地。土地得以集约化经营，解决过去老百姓见啥种啥的问题。二是管树子。统一组织种植、施肥、施药、疏花疏果、品种改良，推广新技术，技术水平得到明显改善。三是管设施。配套建设基地园区景观、道路等基础设施和提升人居环境，产业基地园区基础条件得到改善，建立长效机制，确保设施正常运行。四是管技术。聘请专家进行技术培训，手把手现场技术指导，提高了当地农民种植和管理技术水平。

2.“四赢”：一是村民增收。农户通过“三金”收入，不再担心自然灾害的影响，并且实现在家门口就可挣钱。二是集体经济壮大。按照有机生产模式生产，基地可实现年盈利100万元以上，光明村拥有了一个生产可靠、放心的生产基地，村集体拥有了一个稳定可持续的收入来源。三是基础条件得到改善。随着产业基地园区发展，路网、灌溉、环境整治等配套政策的跟进，实现设施和环境的大提升和大改变。四是产品安全得到保证。建设后在桑叶、桑椹、藤椒、菊花生产过程中采取“六统一”（即统一管理、统一施肥、统一病虫害防治、统一品种改良、统一生产技术、统一有机标准生产），使消费者不再担心生产产品农药残留等危害，从而促进产业效益不断上升。

3.“四不同”：一是产业稳步发展。未统一建设之前老百姓想种啥就种啥，统一建设后解决了“背篼装不下、汽车装不够”的问题，与以往散乱发展大不同。二是收入稳步提高。统一管理解放了农业劳动力，实现流转土地保底收入、就地和外出务工收入、利益分红三次收入，产业基地发展能保证农民利益的最大化和增收的多元化，与以往缺乏增收门路大不同。三是技术稳步提升。产业基地建设后不但得到一片长势健壮、品质优良的桑树林和藤椒林，这也是一片能够持续稳定增收的绿色“工厂”，而且还能获得较高的生产和管理技术，与以往传统、粗放生产大不同。四是社会效益稳步彰显。产业基地建设与大熊猫国家公园体制试点社区发展结合，通过项目宣传，争取社会各界关注、关心和支持，与以往“单兵”发展大不同。

案例五

生态花茂　乡愁故里

贵州省遵义市播州区枫香镇花茂村

一、背景情况

花茂村位于播州区枫香镇西北部，地域面积 9.8 平方公里，辖 25 个村民组，总户数 1 127 户，人口 4 451 人。

花茂村距历史名城遵义市区 52.9 公里，距播州区政府驻地 43.9 公里，国酒之都仁怀 41.4 公里，遵义机场 89.9 公里，仁怀机场 37 公里。

花茂村地处云贵高原，气候独特、山川秀丽，空气清新、属典型喀斯特地貌，平均海拔 1 035 米，属亚热带季风气候区，气候温暖湿润，冬无严寒，夏无酷暑，在土地资源、水资源、森林资源、旅游资源等方面都具有得天独厚的优势。年均降水量 1 200 毫米，年均气温 17℃。

枫香镇花茂村俯瞰

2015 年 6 月 16 日，习近平总书记来到枫香镇花茂村，总书记下车驻足欣赏，称赞“怪不得大家都来，在这里找到乡愁了。”近年来，花茂村统筹推进精准扶贫，实现了田园风光、红色底蕴、陶艺文化与产业发展有机融合，形成了独特的花茂乡愁文化。花茂村 2015 年被授予“市级生态村”，获得全国唯一“2015 最美红村”奖，2017 年被授予“省级生态村”，遵义花茂·苟坝荣获“度假社区”称号，（九丰）蔬菜园区荣获“创新农业园区”称号，被省委党建工作领导小组授予“党建扶贫示范基地”。

卫生整洁的花茂新样

二、主要做法和成效

（一）打造“三大引擎”，发展生态经济

花茂始终牢记习近平总书记“紧紧围绕发展现代农业，围绕农村一二三产业融合发展，构建乡村产业体系，实现产业兴旺”嘱托，将

产业结构调整作为农民增收致富的根本途径，全面推进农旅文深度融合，打造现代“农业公园”，拓宽农民增收渠道。

春耕忙，白鹭飞

1. 做优传统产业。依托山东九丰集团、遵义天华源物业管理有限公司，利用“龙头企业 + 合作社 + 农户”发展模式，创建绿动九丰、红枫盛源等专业合作社 5 家，发展种养大户 15 家；推广“农村信用社 + 农民专业合作社 + 供销社”三社融合经验，建立种养殖循环示范基地 4 450 亩，带动周边农户发展“绿色产品”种植基地 2.2 万余亩，形成绿色稻米、优质蔬菜为主，林下养殖、特色经果为辅的农业产业体系。2019 年实现农产品销售额 2 000 余万元。

花茂村发展的绿色瓜果业

2. 做靓乡村旅游。树牢经营乡村理念，提档升级土坝—花茂—苟坝乡村旅游示范带，培育和优化观光体验、休闲度假、康体养生等旅游项目，打造以红色游、田园游、体验游为主导的特色旅游景区，科学规划引导群众利用闲置房屋发展乡村旅馆 28 家、农家乐 12 家、土特产品店 18 家，促进乡村旅游持续“井喷”。

（二）狠抓“三大工程”，构筑绿水青山

习近平总书记指出“良好生态环境是最普惠的民生福祉，坚持生态惠民、生态利民、生态为民”，花茂村以建设美丽宜居村庄为导向，实现生活环境整洁优美、生态系统稳定健康、人与自然和谐共生。

1. 抓好面源污染治理，开展治污治水工程。按照“门前三包、集中分拣、综合利用、无害化处理”等要求全面推行垃圾就地分类，通过“户分类、村收集、镇转运、区处理”“回收再利用”等方式，开展村庄垃圾处理和面源污染治理。统筹农村饮水安全、改水改厕、垃圾处理，建成人工湿地生活污水处理池 1 座、一体化处理系统 2 座，铺设污水管网 20 公里，实现群众 30 户集中居住区污水处理全覆盖。

在花茂主要街道和旅游公路沿线，设置垃圾房 15 座、垃圾收集箱 120 个，聘请保洁员 15 名，配备垃圾车 1 辆，每天集中清运垃圾，生活垃圾收运和无害化处理率达 100%。全村天然气管道入户覆盖率达到 95%。采取秸秆还田，用作牲畜饲料、农户生活燃料，用于工业原料与建材加工等措施，推进农作物秸秆综合利用，秸秆综合利用率达 95%。深入开展生态廊道建设和生态河道治理，严格落实河长制管理，种植绿化树木 8 000 余亩，治理生态景观河道 8.8 公里。

农村污水处理设施

2. 抓好乡愁文化保护，实施文旅项目。坚持“山水林田湖是生命共同体”理念，着力保护溪流、林草、山丘、田园等生态细胞。投入资金 3 000 万余元将乡愁文化、农耕文化、土陶文化与苟坝红色文化连体打造，深入挖掘一砖一瓦、一草一木、一山一水等乡愁元素，规划建设村庄和居民点时注重保留老木屋、土石屋、茅草屋、土院墙、石板路、荷花塘等传统建筑风貌，真正让“看得见山、望得见水、记得住乡愁”的乡愁文化成为花茂村的真实写照。

花茂乡愁土墙

3. 抓好环境卫生整治，持续提升人居环境。以农村“厕所革命”“卫生革命”为抓手，累计完成改厕、改灶、改圈“三改”1 110户，“三改”农村卫生厕所普及率达100%，庭院整治164户。全面实施绿化、美化、亮化“三化”工程，每季度开展“美丽乡村·清洁家园”评比活动，生态文明意识深入人心，农户自觉打扫并保持房前屋后环境卫生，家家户户实现庭院绿化整治，彻底改变以前“脏乱差”的局面。

外来游客浏览花茂

（三）聚焦“三个关键”，践行“绿水青山就是金山银山”理念

习近平总书记指出“改善农民精神风貌，提高乡村社会文明程度，焕发乡村文明新气象”，花茂村以社会主义核心价值观引领农村社会风尚，培育文明乡风、良好家风、淳朴民风，为乡村振兴注入强大精神动力。

1. 思想教育特色化。成立新时代农民讲习所，聘任由党员、创业带头人为主的 15 名新型农民为讲师，用身边人讲身边事教育引导群众致富思源、富而思进、感党恩，弘扬新风正气。每年组织群众参加习近平总书记视察花茂村周年感恩座谈会，开展文明村寨、星级文明户、身边好人好事、道德模范等文明创建活动，深化家庭美德和个人品德建设，引导群众不忘初心、感恩奋进，践行公民基本道德规范。

2. 文体活动多样化。大力实施文化惠民工程，用好村文化活动室、村史馆、农民文化家园、农家书屋等公共文化服务阵地，成立篮球队、广场舞蹈队等文体队伍，开展群众喜闻乐见的文艺演出、体育运动和具有乡土特色的文化活动，不断丰富农村群众精神文化生活，全面提升农民综合素质。

3. 移风易俗制度化。深化家庭美德和个人品德建设，引导群众践行公民基本道德规范，将婚丧嫁娶不得大操大办、不得赌博酗酒、不得参与迷信活动、保持环境卫生等纳入村规民约，红白理事会积极发挥作用，党员干部率先垂范，尊重合理的风俗习惯，通过村民大会、入户走访等方式进行广泛宣传，引导群众摒弃陈规陋习，推动喜事新办、丧事简办，文明节俭新观念、新风俗逐渐深入人心。

宣传生态环境保护知识

三、经验启示

1. 加强组织领导，完善考核制度。完善生态环境保护目标考核责任制度，把经济发展指标考核与生态环境指标考核统一起来，突出对干部的实绩考核、全面考核以及长效考核。

2. 畅通投入渠道，促进多元合作。要充分运用企业化、产业化、市场化等方式，拓宽投融资渠道，建立政府主导、多元合作、市场推进、公众参与的投入机制。对污水处理、污染防治、生态修复等项目建设，采取 PPP、TOT 等模式与企业合作建设，鼓励和支持社会资金投入生态环境保护和建设。

3. 持续调整产业结构，大力发展生态农业。以现代高效农业示范园区、样板坝区为引领，大力发展休闲农业、观光农业和设施农业，加速推进一二三产业融合，加快农旅文一体化发展步伐；依托全镇旅游资源、历史文化，全力主攻“全景域”“快进慢游”体系建设，加快构筑大文化、大生态的旅游产业格局，大力发展生态旅游业；全力推进企业循环式生产、产业循环式组合、园区循环式改造和天然气、太阳能、风能等清洁能源开发利用，科学发展生态工业。

4. 强化宣传教育，营造共建氛围。一是通过世界水日、地球日、节能宣传周、环境日等主题活动，开展群众喜闻乐见的宣传教育，普及生态知识，逐步提高公众生态道德素养和生态保护意识。二是充分挖掘山水文化、森林文化、传统农耕文化，唤起公众的生态意识和生态正义，使公众自觉承担生态责任和生态义务，以生态文化提升推进“绿水青山就是金山银山”建设的凝聚力。三是多载体引导公众参与。进一步畅通和拓宽公众参与渠道，确保公众的知情权、参与权和监督权，要持续抓好生态文明志愿者队伍建设，引导和组织更多的公众参与生态文明建设的全过程，形成人人关心、全民参与的良好社会氛围。